MONNAIES

DU MONDE

© 2012, Éditions De La Martinière,
une marque de La Martinière Groupe, Paris

Conforme à la loi n°49-956 du 16 juillet 1949
sur les publications destinées à la jeunesse.

www.lamartinieregroupe.com
www.lamartinierejeunesse.fr

Anne-Marie Thomazeau

MONNAIES

DU MONDE

expliquées aux enfants $£€¥!!!

De La Martinière
Jeunesse

ASIE

LES MONNAIES

Aujourd'hui, chaque pays aime afficher sur sa monnaie nationale (ou transnationale comme l'euro), ses valeurs, son patrimoine, ses légendes, sa faune, sa flore ou les personnages historiques qui le symbolisent le mieux. La monnaie, comme les drapeaux ou les timbres, dit beaucoup de l'histoire d'un pays.

Parce qu'elles changent régulièrement, parce qu'il existe une dizaine de billets différents dans chaque pays, les monnaies font la joie des collectionneurs. Mais qu'en sera-t-il demain ? Les transactions financières sont de plus en plus virtuelles par carte bancaire ou par Internet. Les pièces et les monnaies de papier ne risquent-elles pas de disparaître ?

Dans ce livre, nous vous proposons un tour du monde des pièces et des billets les plus beaux, les plus typiques, les plus significatifs de chaque pays traversé.

Bon voyage...

EUROPE

Aujourd'hui 326 millions d'Européens partagent la même monnaie.

Il y a seulement quinze ans, chaque pays européen avait sa propre monnaie... Le franc, le mark allemand, la lire italienne, la peseta espagnole...

Nous changions de billet à chaque passage de frontière. Et puis, après des années de négociations entre États pour réaliser une vraie Union européenne, l'euro a remplacé les monnaies nationales de 17 pays européens (zone euro) et de trois micro-États (Monaco, Saint-Marin, Vatican). Une révolution !

Choisi par la Commission européenne, le symbole de l'euro s'inspire de la lettre grecque epsilon. Il s'agit d'une référence à l'Antiquité, berceau de la civilisation européenne. Et bien sûr, il rappelle la première lettre du mot « Europe ».

La valeur des billets en euros va de 5 à 500 euros. Ils représentent l'évolution architecturale européenne au travers des siècles.

Les rectos de ces billets présentent un motif architectural européen: portes, portails ou fenêtres (symboles d'ouverture) tandis que les versos montrent un pont, symbolisant l'union des peuples européens entre eux et de l'Europe avec le reste du monde. Pour éviter les désaccords entre pays membres... tour Eiffel, tour de Pise ou cathédrale de Cologne, comment choisir ? Les édifices représentés ne sont pas des monuments réels. Ils ne font référence à aucun pays en particulier. Ainsi pas de jaloux, pas de conflit.

5 EUROS
L'Empire romain couleur grise

10 EUROS
Le style roman XIe et XIIe siècle couleur rouge

20 EUROS
Le style gothique XIIIe et XIVe siècle couleur bleue

50 EUROS
La Renaissance XVe et XVIe siècle couleur orange

100 EUROS
Baroque et rococo XVIIe et XVIIIe siècle
couleur verte

200 EUROS
Art nouveau XIXe et XXe siècle couleur jaune

500 EUROS
Époque moderne XXe et XXIe siècle
couleur mauve

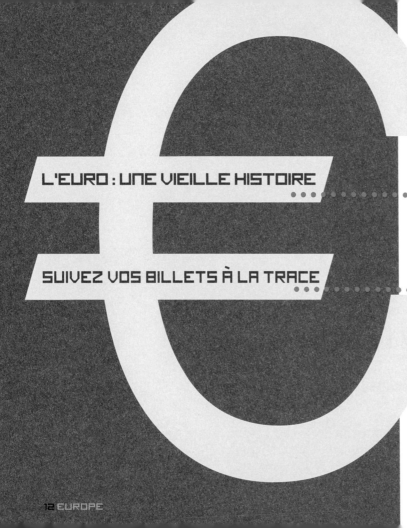

L'EURO : UNE VIEILLE HISTOIRE

SUIVEZ VOS BILLETS À LA TRACE

L'idée d'une monnaie unique est une histoire ancienne. Platon, Charlemagne et Napoléon Ier en ont rêvé. Mais c'est Napoléon III qui va aller le plus loin dans sa concrétisation. Sous le Second Empire, il mit en place un système qui permettait de payer en France, en Belgique, en Suisse et en Italie, avec des pièces de monnaie venant de n'importe lequel de ces quatre pays... Cette possibilité disparut après la Première Guerre mondiale... Mais l'euro n'était plus très loin.

Vous vous demandez parfois ce que deviennent vos billets ? Eh bien vous pouvez suivre vos 10 euros à la trace sur le site eurobilltracker.
Entrez le numéro de votre billet, le lieu où vous l'avez obtenu. Si celui-ci est déjà entré dans les archives du site, vous pourrez connaître son trajet et son parcours. S'il ne l'est pas, c'est vous qui commencez la chaîne en le faisant entrer dans la base de données. Rigolo non ? Ce site s'inspire de « Where's George » (en référence au billet de 1 dollar qui représente George Washington) qui permet d'enregistrer ses dollars.

ALLEMAGNE
Capitale : Berlin
Population : 83 millions
Depuis 1999

 **AUTRICHE**
Capitale : Vienne
Population : 8,5 millions
Depuis 1999

 **BELGIQUE**
Capitale : Bruxelles
Population : 11 millions
Depuis 1999

 CHYPRE
Capitale : Nicosie
Population : 780 000
Depuis 2008

 **ESPAGNE**
Capitale : Madrid
Population : 45,2 millions
Depuis : 1999

 ESTONIE
Capitale : Tallinn
Population : 1,3 million
Depuis 2011

 FINLANDE
Capitale : Helsinki
Population : 5,3 millions
Depuis 1999

 **FRANCE**
Capitale : Paris
Population : 66,5 millions
Depuis 1999

 GRÈCE
Capitale : Athènes
Population : 11,2 millions
Depuis 2001

 IRLANDE
Capitale : Dublin
Population : 4,3 millions
Depuis 1999

 ITALIE
Capitale : Rome
Population : 60 millions
Depuis 1999

 LUXEMBOURG
Capitale : Luxembourg
Population : 480 000

 MALTE
Capitale : La Valette
Population 410 000
Depuis 2008

 PAYS-BAS
Capitale : Amsterdam
Population : 16,5 millions
Depuis 1999

 **PORTUGAL**
Capitale : Lisbonne
Population : 11 millions
Depuis 1999

SLOVAQUIE
Capitale : Bratislava
Population : 5,5 millions
Depuis 2009

SLOVÉNIE
Capitale : Ljubljana
Population : 2,2 millions
Depuis 2007

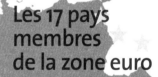
Les 17 pays membres de la zone euro

Trois autres pays ont adopté l'euro mais ne font pas partie de l'Union européenne

MONTÉNÉGRO
Capitale : Podgorica
Population : 670 000
Depuis 2005

KOSOVO
Capitale : Pristina
Population : 1,85 million
Depuis 1999

 LITUANIE
Capitale : Vilnius
Population : 3,6 millions
Depuis 2010

ROYAUME-UNI

God Save the Queen !

C'est l'hymne national du Royaume-Uni. Outre-Manche, la famille royale est une institution. C'est donc tout naturellement que tous les billets en livres sterling arborent le portrait de la reine actuelle Élisabeth II.

Créée il y a treize siècles, la livre sterling est l'une des plus anciennes monnaies encore en circulation. Elle est un symbole pour la couronne britannique et l'étendard de la City (le quartier des banques et de la Bourse) de Londres. Voilà pourquoi et bien que faisant partie de l'Union européenne, la Grande-Bretagne s'est toujours refusée à adopter l'euro, souhaitant ainsi conserver ses traditions.

Qui utilise la livre sterling ?
La livre sterling a cours légal en Grande-Bretagne, en Écosse et en Irlande du Nord – L'Irlande du Sud adhère à la zone euro – ainsi que dans les territoires rattachés à la couronne d'Angleterre comme l'île de Man, les îles Anglo-Normandes, Jersey et Guernesey, ainsi qu'à Gibraltar.

LA LIVRE IRLANDAISE
James Joyce est considéré comme le plus grand écrivain irlandais. Sa renommée est internationale.

LA LIVRE ÉCOSSAISE
Robert Bruce fut le premier roi d'Écosse. Il régna de 1306 à 1329.

Le billet de 10 livres célèbre le naturaliste Charles Darwin (1809-1882). Ce scientifique formule « la théorie des espèces et de l'évolution ».

LA LIVRE

Tous les billets en livres sterling arborent le portrait de la reine actuelle Élisabeth II.

Le franc suisse
est également utilisé
au Liechtenstein.

SUISSE

Avant 1848 circulaient en Suisse 860 sortes de monnaies dépendant de chaque canton (doublons et ducats d'or de Berne, florins d'argent de Zurich, blutzger des Grisons, centimes de Genève ou venues de l'étranger.

Plus de 8000 effigies ornaient leurs billets. Le capharnaüm monétaire était total et les échanges entre populations, commerçants et banquiers terriblement complexes. Alors, la Suisse va connaître il y a un siècle et demi une révolution proche de celle qu'a connue l'Union européenne avec la création de l'euro. En 1848, l'État fédéral de Suisse est créé. Et avec lui, le franc suisse.

Les billets en francs suisses sont extrêmement originaux.

Ils sont verticaux tout comme l'étaient les premiers billets chinois. Ils ont tous la même largeur mais leur hauteur augmente avec leur valeur. Leur graphisme et leur design sont d'une grande modernité.

20 FRANCS SUISSES
Arthur Honegger (1892-1955)
Ce compositeur suisse essaye de se renouveler à chaque production et s'attache à traduire l'énergie de son temps. Son œuvre la plus connue, *Pacific 231*, est une symphonie dédiée à la locomotive à vapeur.

50 FRANCS SUISSES
Sophie Taeuber-Arp (1889-1943) est née à Davos. Artiste, peintre et sculpteur suisse, elle a participé aux mouvements Dada puis surréaliste avec son époux Jean Arp.

100 FRANCS SUISSES
Alberto Giacometti (1901-1966), né dans le canton des Grisons en Suisse, est un immense sculpteur connu pour ses œuvres d'avant-garde représentant des têtes et des corps d'hommes en bronze.

10 FRANCS SUISSES
Le Suisse Le Corbusier (1887-1965) est sans doute l'un des architectes les plus connus au monde. Il est le premier à inventer dans les années 1930 des immeubles intelligents dans lesquels les habitants pouvaient trouver des garderies, laveries, piscines, écoles, commerces, bibliothèques et lieux de rencontre.

20

Zwanzig Franken
Ventg Francs

Arthur Honegger 1892-1955

Banknoten sind strafrechtlich geschützt.
Les bancnotas en protegidas dal dretg penal.

SCHWEIZERISCHE NATIONALBANK
BANCA NAZIUNALA SVIZRA

50

Fünfzig Franken
Tschuncanta Francs

Sophie Taeuber-Arp 1889-1943

Banknoten sind strafrechtlich geschützt.
Las bancnotas en protegidas dal dretg penal.

SCHWEIZERISCHE NATIONALBANK
BANCA NAZIUNALA SVIZRA

100

Cent Francs
Cento Franchi

Alberto Giacometti 1901-1966

Les billets de banque sont protégés par le droit pénal.
Le banconote sono protette dai diritti penale.

BANQUE NATIONALE SUISSE
BANCA NAZIONALE SVIZZERA

NORVÈGE

Royal, le nom !

Royal, le nom « couronne » qui a été choisi pour nommer les monnaies de ces quatre pays du nord de l'Europe : Norvège, Suède, Danemark, Islande. Au XIXᵉ siècle, ces derniers créent l'Union monétaire scandinave. Ils possédaient chacun leur propre monnaie mais décident de choisir un nom unique : *Krone*, « la couronne ».

Quant à la République tchèque, elle a adopté la couronne en 1993 seulement lorsque la Tchécoslovaquie se divisa en deux pays. La Slovaquie, elle, allait adopter l'euro.

En 1623, un gisement d'argent est découvert à Kogsberg, une ville du sud de la Norvège. C'est ici que sont fabriquées les pièces de monnaie norvégienne pendant deux siècles.

La dernière mine a fermé en 1957 mais la couronne norvégienne aime célébrer ceux auxquels elle doit son existence : les mi-neurs. Aussi, un marteau de mineur est frappé sur toutes les pièces de couronne norvégienne. Aujourd'hui, à Kogsberg, on peut encore visiter la mine à bord d'un petit train et découvrir au Musée royal de la monnaie des collections de pièces d'argent fabuleuses dont certaines remontent au XVIIᵉ siècle.

500 COURONNES
Sigrid Undset (1882-1949)
Cette femme de lettres norvégienne de renom reçoit le prix Nobel de littérature en 1928.

SUÈDE

Un héros minuscule

Nils Holgersson est un petit garçon qui ne pense qu'à dormir, voyager, manger et faire des bêtises. Il vit en Suède dans la ferme de ses parents.

Et comme Sophie, dans *Les Malheurs de Sophie* de la comtesse de Ségur, son plus grand plaisir est de martyriser les animaux et en particulier les oies.

Un dimanche où ses parents l'ont laissé seul à la maison, il rencontre un lutin qui décide de lui donner une petite leçon.
Il le rétrécit... Et le voilà minuscule.
Il lui donne aussi la capacité de parler avec les animaux. Nils va s'envoler avec un troupeau d'oies et traverser la Suède et ses paysages magnifiques.
Dans ce pays, l'histoire du « *merveilleux voyage de Holgersson à travers la Suède* » est un classique de la littérature pour enfants. Elle a été écrite en 1902 par l'écrivaine Selma Lagerlöf.
On la retrouve, au côté de son héros, sur les billets de 20 couronnes.

Membre de l'Union européenne depuis 1995, la Suède n'a jamais souhaité adopter la monnaie unique qui est l'euro. Les Suédois sont très attachés à leur monnaie nationale et à ce petit bonhomme voyageur.

SELMA LAGERLÖF (1858-1940)
est un peu la comtesse de Ségur suédoise...
Elle a inventé les aventures de Nils, ce vilain petit garçon qui va partir pour un long périple avec une colonie d'oies. Elle est la première femme à recevoir le prix Nobel de littérature.

RÉPUBLIQUE TCHÈQUE

DANEMARK

La tradition est ancestrale… À Noël, les Tchèques mangent de la carpe… Ils mettent plusieurs écailles du poisson sous leur assiette puis une dans leur portefeuille. Ce geste est censé apporter bonheur et fortune dans l'année à venir.

La République tchèque fait partie de l'Union européenne mais pas encore de la zone euro… Cela devrait changer mais probablement pas avant quelques années, le temps que ce pays accède à un niveau de vie plus élevé comparable à celui des 17 pays membres de la zone euro.

En République tchèque, la couronne n'est pas qu'un simple nom de monnaie… Elle apparaît à la fois sur la pièce de 1 couronne et sur le billet de 20 couronnes.

Il s'appelle Ib Andersen… Et s'il n'a rien à voir avec Hans Andersen, l'auteur danois des contes, Ib est, comme son homonyme, féru de représentations d'animaux…

Hans aimait et racontait les histoires du « Vilain Petit Canard », du « Rossignol » ou du « Poisson »… Ib lui, aimait les dessiner. Ce peintre contemporain (1907-1969), extrêmement célèbre dans son pays, a été choisi pour illustrer les billets en couronnes danoises.

ISLANDE

Les billets en couronnes islandaises évoquent des personnages célèbres de l'histoire du pays. Les pièces, elles, font la part belle aux animaux marins...

Ce n'est qu'un juste retour des choses puisque l'économie de l'Islande tire en grande partie ses revenus de la pêche.

1000

E36700035

SAMKVÆMT LÖGUM NR.36
22. MAÍ 2001

SEÐLABANKI
ÍSLANDS

100 COURONNES
Un lompe, poisson dont on mange surtout les œufs.

50 COURONNES
Un crabe enragé, de petite taille. Il est utilisé pour la pêche au bar.

10 COURONNES
Des capelans, petits poissons qui vivent en banc dans les mers arctiques.

5 COURONNES
Des dauphins.

1 COURONNE
Une morue.

EN 1643, UN ÉVÊQUE, BRYNJÓLFUR SVEINSSON, DÉCOUVRE UN MANUSCRIT : il l'offre au roi du Danemark. Ce manuscrit est la copie d'un original datant sans doute du XIIe siècle, l'*Edda poétique*. C'est un recueil de poèmes où sont mis en scène des héros et des dieux nordiques.

POLOGNE

LE ZLOTY

À l'occasion
de la béatification
du pape Jean-Paul II,
la Pologne a frappé
une pièce en or à la valeur
de 1000 zlotys.

Une monnaie en or !

La Pologne appartient à la zone euro...
En 2014-2015, sa monnaie devra
donc disparaître. Mais pour l'heure,
elle utilise toujours la monnaie
officielle, le zloty, qui signifie
« en or », en polonais.

Un nom qui date du Moyen Âge à une
époque où les pièces en circulation étaient
effectivement en or. Ce n'est bien sûr plus
le cas aujourd'hui. Le zloty rend hommage
à l'un des personnages polonais contem-
porains les plus célèbres dans le monde :
Le pape Jean-Paul II. Son pontificat aura
duré plus de vingt-six ans (1978-2005).

Il aura parcouru 129 pays et rencontré 500
millions de fidèles. Il a été béatifié (une cérémonie religieuse de l'Église catholique
qui distingue les personnalités exem-
plaires) le 1er mai 2011 par son successeur
le pape Benoît XVI.

HONGRIE

Au temps de la monarchie et de l'Empire austro-hongrois, le roi régnant était traditionnellement représenté sur la plupart des pièces de monnaie.

Après la Seconde Guerre mondiale et l'instauration de la République, il n'y a plus de roi en Hongrie. Cependant, ceux qui ont fait l'histoire de ce pays règnent encore en maître sur les billets en forint.

LE BILLET VALANT LE PLUS CHER
Imprimé au début de l'année 1946, alors que la Hongrie subissait la plus forte inflation connue à ce jour (le prix du pain doublait toutes les quinze heures), ce billet valait la somme de 100 milliards de milliards de pengo. Lorsque le pengo est remplacé par le forint, il faut donner 400 trilliards de pengo pour obtenir 1 forint.

500 FORINT
le prince de Transylvanie Ferenc Rakoczi II (1676-1735) encouragea la révolte des Hongrois contre les Autrichiens. Ainsi il fut un précurseur de l'indépendance de la Hongrie. Celle-ci interviendra en 1918, après la chute de l'Empire austro-hongrois.

MOLDAVIE

Il y a 500 ans, disparaissait Stefan cel Mare (Étienne le Grand). Mais il vit encore sur tous les billets en lei. Ce prince de Moldavie est peu connu en dehors de son pays.

Pourtant, le cousin de Vlad Tepes dit l'Empaleur (il inspirera le personnage de Dracula), a livré, pendant les quarante-sept ans de son règne (1457 à 1504), de nom-breuses batailles : contre les Hongrois, les Tatars et les Turcs dont il empêcha l'invasion aussi bien en Moldavie que dans toute l'Europe de l'Est, devenant ainsi le défenseur du monde chrétien. Combattant, fin stratège, contemporain de Léonard de Vinci, de Michel Ange et de Christophe Colomb, il fut aussi un esprit éclairé. Il parlait le latin, le grec et l'italien, et durant son règne, fit construire de nombreuses villes et 44 monastères peints de somptueuses fresques.

BILLET DE 1 LEU
MONASTÈRE DE CAPRIANA
La légende raconte qu'en revenant d'une bataille contre les Tatars, Étienne et ses troupes s'arrêtèrent dans une clairière. Il vit une biche (en roumain *capriora*) tentant d'échapper à un loup. Ému, il fit construire à cet endroit le monastère de Capriana.

ROUMANIE

La Roumanie et la Moldavie utilisent la même monnaie : le leu. Un mot qui vient de « lion » et fait référence aux pièces de monnaie marquées d'un lion qui circulaient dans certaines provinces roumaines au Moyen Âge.

La Roumanie met aussi l'aigle à l'honneur sur son billet de 50 lei et sur sa pièce de 500 lei... Il symbolise le courage, la puissance et la grandeur.

Comme le billet de 5 lei moldave, la pièce de 20 lei roumaine arbore l'effigie de Stefan cel Mare qui gouverna sur une vaste région englobant la Roumanie et la Modalvie.

2000 LEI. LE 11 AOÛT 1999, lors de la dernière éclipse totale de Soleil du siècle, la Roumanie a été traversée sur toute sa largeur par l'ombre de la Lune. Pour l'occasion, elle a édité ce billet de 2000 lei imprimé sur un film plastique. La bande d'où l'éclipse totale était visible est dessinée sur la carte du pays.

LE DINAR

SERBIE

Il s'agit de l'une des plus vieilles monnaies d'Europe avec la livre sterling. C'est lors du règne de Stefan Ier Nemanjic au début du XIIIe siècle que le dinar serbe est mis en circulation pour la première fois... Ses pièces, alors, étaient en argent.

Au XVIIIe siècle, comme dans la plupart des pays européens, les pièces en or et en argent furent progressivement retirées de la circulation. Avec l'explosion du commerce international, il en aurait fallu de plus en plus. Impossible d'en produire plus. De sorte que le besoin d'argent papier a commencé à se faire sentir. En 1876, les premiers billets apparaissent en Serbie, mais comme partout dans le monde, la population mettra du temps à les utiliser. Comment avoir confiance en ces petits bouts de papier faciles à déchirer ? Les Serbes préféraient tenir entre leurs mains de vraies espèces, d'or et d'argent, sonnantes et trébuchantes. Le dinar a toujours été en circulation en Serbie et même du temps de la Yougoslavie, un vaste État qui regroupait en son sein, la Serbie, la Bosnie, le Monténégro, la Croatie, la Macédoine et la Slovénie. En 1993, une grave crise eut lieu en Yougoslavie. Et les prix ne cessèrent de monter pour atteindre des chiffres astronomiques. Pour s'adapter et éviter que les Yougoslaves transportent des valises de billets pour acheter une seule baguette de pain, l'État yougoslave augmenta la valeur des dinars. Elle imprima des billets de 5 milliards, 50 milliards et même... 500 milliards de dinars.

10 DINARS
Vuk Stefanovic Karadzic (1787-1864)
Père de la littérature serbo-croate, grand réformateur de la langue et de l'orthographe, fondateur du romantisme serbe, linguiste, ethnographe et historien.

100 DINARS
Nicolas Tesla (1856-1943)
Inventeur de génie, il est à la base de l'utilisation de l'énergie électrique.

НАРОДНА БАНКА СРБИЈЕ

20

НАРОДНА БАНКА
СРБИЈЕ

NARODNA BANKA
SRBIJE

20

двадесет динара
dvadeset dinara

20

20 DINARS
Petar II Petrovic (1813-1851)
Souverain du Monténégro, il est
l'auteur d'une légendaire épopée
retraçant le combat de son peuple
contre les Turcs.

CROATIE

Kuna, prononcé « Kouna », signifie « martre » (espèce de petite belette). L'origine remonte à l'Antiquité. Dès l'époque romaine les taxes étaient prélevées en peaux de martre, alors très prisées.

Dès les années 1000, un écu d'argent orné d'une martre circule en Croatie. Elle va disparaître puis réapparaître en 1939. En 1945, avec la création de la Yougoslavie (une fédération de pays qui intègre la Serbie et la Croatie), c'est le dinar serbe qui devient la monnaie officielle jusqu'à l'indépendance de la Croatie en 1991. En 1994, les Croates renouent avec leur monnaie historique. Aujourd'hui la martre est toujours présente sur le côté pile des pièces de kuna. Quant aux billets, ils mettent à l'honneur les plus beaux sites touristiques de Croatie.

L'AMPHITÉÂTRE DE PULA est l'un des vestiges romains les mieux conservés. De nombreux combats de gladiateurs y étaient organisés.

LA VILLE DE DUBROVNIK est riche en monuments, églises, monastères et palais. Elle est classée au patrimoine mondial de l'Unesco, ce qui signifie qu'elle fait partie des plus beaux endroits de la planète. Elle est surnommée : « la perle de l'Adriatique ».

5 KUNA : pile, la martre ; face, l'ours brun.

1 KUNA : pile, la martre ; face, le rossignol.

LE MARK CONVERTIBLE

BOSNIE-HERZÉGOVINE

La Bosnie-Herzégovine est née de la dislocation de la Yougoslavie. Le pays est déclaré indépendant en 1992. Mais certains Bosniaques ne sont pas d'accord. Ils souhaitent rester rattachés à la Serbie.

200 ЦЕНТРАЛНА БАНКА БОСНЕ И ХЕРЦЕГОВИНЕ
CENTRALNA BANKA BOSNE I HERCEGOVINE

200

oebs 2002

MOST NA DRINI
МОСТ НА ДРІНИ

DVIJE STOTINE KONVERTIBILNIH MARAKA
ДВИЈЕ СТОТИНЕ КОНВЕРТИБИЛНИХ МАРАКА

200

Le pont sur la Drina à Višegrad fut le théâtre de terribles affrontements qui embrasèrent les deux pays entre 1992 et 1995.

CENTRALNA BANKA BOSNE I HERCEGOVINE
ЦЕНТРАЛНА БАНКА БОСНЕ И ХЕРЦЕГОВИНЕ

200

AA4581498

200

КОНВЕРТИБИЛНИХ МАРАКА
KONVERTIBILNIH MARAKA

DVIJE STOTINE KONVERTIBILNIH MARAKA
ДВИЈЕ СТОТИНЕ КОНВЕРТИБИЛНИХ МАРАКА

AA4581498

200 MARKS CONVERTIBLES
Ivo Andric (1892-1975)
Prix Nobel de littérature en 1961,
il est l'auteur le plus connu
de la littérature serbo-croate.

Il s'en suivra une guerre civile tragique qui va durer trois ans entre partisans d'un rattachement à la Serbie et indépendantistes. Au plus fort du conflit, la ville de Sanski Most fut prise par l'armée serbe et resta sous son contrôle de 1992 à 1995. De nombreux Bosniaques prirent la fuite ou furent expulsés de la ville. En 1995, peu après la fin de la guerre, la ville fut reprise par l'armée de Bosnie.

Aujourd'hui, la paix est revenue. Le pont de pierre du XVIe siècle sur la Drina de Sanski Most reposant sur onze arches est devenu la frontière qui sépare la Bosnie et la Serbie. Mais il relie aussi les capitales des deux pays : Sarajevo et Belgrade. Tout un symbole.

ALBANIE

« Si on a perdu de l'argent, on n'a rien perdu, si on a perdu les amis, on a perdu la moitié de ce que l'on a et si on a perdu l'espoir on a tout perdu »

dit un proverbe albanais... Cet argent dont les Albanais parlent avec autant de sagesse, il s'agit du lek. Albanie signifie en albanais « le pays des aigle... » On peut voir l'oiseau sur les armoiries du pays ainsi que sur tous les billets en leke, ici, en bas à gauche.

BULGARIE

Comme le leu roumain et moldave, *lev*, en bulgare, signifie « lion ». Le lev est une très vieille monnaie. Elle a plus de 130 ans.

Elle a été choisie comme unité monétaire du pays alors que celui-ci était encore une république autonome de l'Empire ottoman. Le billet de 20 leva (le pluriel de lev) commémore cette longue histoire. Le verso est illustré par une reproduction du tout premier billet bulgare, datant de 1885, l'ancien bâtiment de la BNB, la sculpture d'une femme assise qui illustre une série de billets édités dans les années 1920 et enfin les armoiries du pays. Bien sûr, celles-ci représentent trois lions tirant la langue et couronnés d'or.
La devise de la Bulgarie
Съединението прави силата
est inscrite en bas du blason : *L'Union fait la force.*

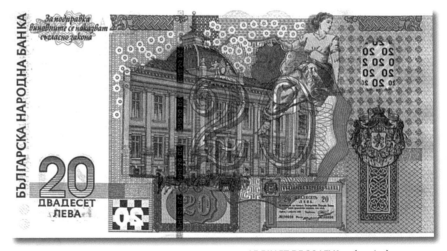

LE BILLET DE 20 LEVA présente à son verso une reproduction du premier billet de banque bulgare, datant de 1885.

MACÉDOINE

On ne se lasse pas de les admirer. Les billets en denars macédoniens sont d'une beauté extraordinaire.

Le nom « denar » vient de la monnaie romaine *demarus*, qui est aussi l'étymologie du denier français utilisé par les Carolingiens et du dinar qui circule en Serbie, en Tunisie et dans de très nombreux autres pays du monde. En Macédoine, l'euro est accepté pour les grosses sommes mais le denar reste toujours utilisé pour les courses de tous les jours.

CETTE MOSAÏQUE est installée sur le sol de la basilique de Stobi fondée au Vᵉ et VIᵉ siècles. Le paon est le symbole du Paradis. Il illustre le billet de 10 denars

AU VERSO DU BILLET DE 500 DENARS, le pavot, connu pour ses effets hallucinogènes (opium), a été importé en Macédoine au XIXᵉ siècle par les Ottomans. Il est toujours cultivé.

LETTONIE

Le chêne est très répandu en Lettonie. Il existe même 500 arbres géants de cette espèce dans le pays. Ils sont devenus de véritables monuments nationaux.

Certains ont les troncs si larges qu'il faut cinq hommes bras tendus pour en faire le tour. Depuis toujours, les Lettons vénèrent les arbres. C'est devant les chênes géants que l'on priait les dieux, que l'on offrait des sacrifices aux esprits des ancêtres et que l'on prédisait le temps qu'il ferait. Et gare à ceux qui portent atteinte à un arbre sacré. Les légendes lettones leur réservent les pires destinées. Ces traditions se sont poursuivies durant des siècles. Et aujourd'hui encore, les Lettons chérissent les chênes si bien qu'ils apparaissent sous forme de frise stylisée sur les billets de lati.

BIÉLORUSSIE

On croirait les petites coupures de 1, 5 et 10 rouble biélorusses comme sorties d'un jeu de Monopoly ou de « La bonne paye »... En tout cas, aucune possibilité de se tromper sur le montant écrit en gros sur le verso des billets.

Le rouble biélorusse est de la même famille que le rouble russe. Depuis la dissolution de l'URSS en 1990, la Biélorussie est indépendante de la Russie. Mais leurs relations sont restées très étroites. Les deux pays partagent une même langue, le russe et son alphabet cyrillique que l'on retrouve sur les billets, et le même nom de monnaie.

LE HRYVNIA

UKRAINE

Les Ukrainiens n'ont pas confiance dans les banques... Une grande partie de la population ne possède d'ailleurs pas de compte en banque et se fait payer son salaire en liquide.

La difficulté est – bien sûr – de savoir où cacher cet argent. Certains l'enterrent dans le sol, d'autres le cachent dans leur maison, sous une lame de parquet, dans des jouets d'enfants... Mais ce ne sont pas des solutions très fiables. Et cette tradition encourage les cambrioleurs qui sont nombreux en Ukraine à traquer la hryvnia dans les recoins des maisons ukrainiennes.

La hryvnia est une pièce de cuivre qui circulait déjà au XIe siècle dans les rues de Kiev. Rattachée à l'URSS en 1922, l'Ukraine a adopté le rouble soviétique comme unité monétaire jusqu'en 1991, date de son indépendance. L'Ukraine renoue avec la hryvnia dont les billets représentent des personnages historiques du pays et en particulier le plus mythique d'entre eux, Vladimir Ier de Kiev.

BILLET DE 5 HRYVNIA
Bogdan Khmelnitsky (1595-1657) Hetman (commandant en chef des armées) d'Ukraine.

10 HRYVNIA
Ivan Mazepa (1687-1709)
Noble de naissance mais pauvre, il devient un homme d'État éminent.

1 HRYVNIA

Vladimir Ier, grand prince de Kiev (980-1015), est l'une des grandes figures de la Russie médiévale. Il impose le christianisme à son peuple. Il est le héros de nombreux poèmes épiques qui le présentent en souverain juste, aimé de ses sujets comme pouvait l'être le roi Arthur dans les légendes celtes.

50 KOPIYOK

pièce dont la valeur est égale à une demi-hryvnia.

À KIEV,

cette citadelle a été construite par Vladimir Ier lorsqu'il accéda au pouvoir.

LE ROUBLE

RUSSIE

Depuis plus de cinq siècles, les Russes utilisent le rouble.
Il est apparu au XIIIᵉ siècle dans la république de Novgorod dirigée par les boyards (aristocrates).

Il ne s'agissait pas à cette époque de pièces de monnaie mais de lingots d'argent qui étaient morcelés (*roubit*) pour en faire de la petite monnaie. Les pièces russes, les kopecks, sont de valeur si faible que l'on en a tiré l'expression « cela ne vaut pas un kopeck » pour signifier le peu d'intérêt d'un objet.

Situé non loin du Kremlin, le Bolchoï, grand théâtre de Moscou, l'un des plus prestigieux au monde, apparaît sur les billets de 100 000 roubles. Il est particulièrement célèbre pour ses danseurs qui forment le ballet du Bolchoï, mondialement connu.

100

Во 5637658

100

СТО РУБЛЕЙ

100   100

UNE PIÈCE DE 10 KOPECKS
frappée à la date
de la Révolution française
de 1789.

LE KREMLIN (qui veut dire « forteresse urbaine », en russe)
est la résidence officielle du président de la Fédération de Russie.
Il fut dans le passé le palais des tsars, puis celui des dirigeants
soviétiques comme Lénine et Staline. Il donne sur la place Rouge
sur laquelle on peut voir le mausolée de Lénine. Communiste,
ce révolutionnaire chassa les tsars du pouvoir en 1917.

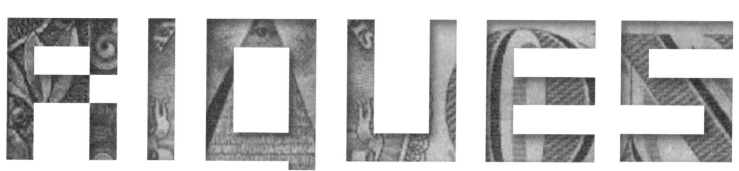

RIQUES

ANTIGUA-ET-BARBUDA, ARGENTINE, BAHAMAS, BERMUDES, BOLIVIE, BRÉSIL, CANADA, CHILI, COLOMBIE, COSTA RICA, CUBA, RÉPUBLIQUE DOMINICAINE, EQUATEUR, ÉTATS-UNIS, GUATEMALA, HAITI, HONDURAS, MEXIQUE, NICARAGUA, PANAMA, PARAGUAY, PÉROU, PORTO RICO, SALVADOR, TRINITÉ-ET-TOBAGO, URUGUAY, VENEZUELA

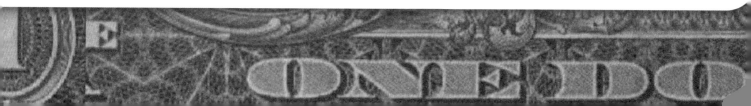

ÉTATS-UNIS

LE DOLLAR

Petit billet vert

Le dollar américain mérite bien son surnom de billet vert. Quel que soit le montant des billets, ils ont tous la même couleur. Le dollar est aujourd'hui la monnaie de référence pour les échanges commerciaux et financiers dans le monde entier.

Et il est l'une des rares monnaies à être acceptées presque partout dans le monde comme moyen de paiement.
Le billet vert est composé à 25 % de lin et à 75 % de coton. Extrêmement fragile, sa durée de vie est courte, environ dix-huit mois. Il faut donc régulièrement en fabriquer de nouveaux.

LE BILLET DE 1 DOLLAR
Le premier président des États-Unis, George Washington (1732-1799), est considéré comme l'un des « pères fondateurs » des États-Unis. Il fut le chef d'état-major de l'armée américaine pendant la guerre d'Indépendance qu'il remporte contre les Britanniques.

LE BILLET DE 10 DOLLARS
À l'origine de la création d'une banque nationale, de taxes sur les importations et de la garantie fédérale des dettes des États, Alexander Hamilton est le créateur du Parti fédéraliste.

LE BILLET DE 5 DOLLARS
Abraham Lincoln est le 16e président des États-Unis (1809-1865). C'est lui qui abolira l'esclavage. En 1865, il est assassiné par un sudiste.

Pourquoi le signe $?

Le S barré ($) est le symbole du dollar. L'origine en remonterait à la pièce espagnole de 8 réaux utilisée au XIXᵉ siècle aux États-Unis.

Le $ serait une représentation du 8. Il pourrait également représenter les armoiries espagnoles qui font apparaître deux colonnes liées entre elles.

Le mot « dollar » vient d'Europe.

Il trouve son origine dans un village de Bohême (République tchèque actuelle). Vers la fin du Moyen Âge, on y découvre une mine d'argent.

Celle-ci va servir à fabriquer une monnaie de ce métal : le thaler. Il se répand dans l'Empire des Habsbourg, au sein de nombreuses régions allemandes puis des cantons suisses.
Le thaler tchèque est également à l'origine du nom du tolar slovène. Au fil des siècles et en arrivant en Amérique latine, le nom « thaler » s'est peu à peu déformé jusqu'à se prononcer « dollar ». Quand les États-Unis acquièrent leur indépendance, ils prennent pour monnaie le dollar.

LE BILLET DE 20 DOLLARS

Andrew Jackson (1767-1845) est le 7ᵉ président des États-Unis. Héros national de la seconde guerre d'Indépendance contre les Britanniques, en 1812, il fait l'objet de critiques pour son comportement brutal envers les tribus amérindiennes et pour avoir défendu l'esclavage. Restera-t-il encore longtemps sur les billets de 20 dollars? Rien n'est moins sûr.

LE BILLET DE 100 DOLLARS

Benjamin Franklin (1706-1790) est l'une des plus illustres figures de l'histoire américaine. Il était écrivain, physicien et diplomate. Rédacteur de la Déclaration d'Indépendance des États-Unis d'Amérique de 1776, il est l'un des « pères fondateurs des États-unis ».

LE BILLET DE 50 DOLLARS

Ulysse Grant (1822-1885) fut le 18ᵉ président des États-Unis. Ce général américain fut le chef d'état-major des troupes de l'Union (les États du Nord) lors de la guerre de Sécession.

Au verso de tous les dollars américains apparaît la devise nationale des États-Unis : « In God We Trust » (nous croyons en Dieu).

LE DOLLAR

PORTO RICO

Ils ont adopté le dollar US.

La puissance économique et financière des États-Unis a contribué à propager le dollar dans de nombreuses régions du monde. Sur le continent américain, le dollar est utilisé dans plusieurs pays.

Certains, comme le Salvador, Porto Rico ou l'Équateur, pour des facilités commerciales, ont tout simplement adopté le dollar US et n'ont plus de billets originaux. Ce qu'ils ont gagné en efficacité économique, ces pays l'ont probablement perdu en identité culturelle. Car la monnaie est une façon pour un pays de mettre en valeur ce qui fait la richesse de son pays.

ÉQUATEUR

Le sucre... un drôle de nom...

Il s'agissait de celui de la monnaie équatorienne de 1884 à 2000, date à laquelle il a été remplacé par le dollar des États-Unis.

Contrairement à ce que l'on pourrait penser, l'ancienne monnaie ne faisait pas référence à la substance sucrée mais à un homme, le maréchal Antonio José de Sucre, vainqueur d'une célèbre bataille en 1822 en Équateur des indépendantistes contre l'armée des royalistes espagnols.

Sur les pièces de 50 sucres, ce sont les armoiries du pays qui figuraient.

LE BILLET DE 5 SUCRES
Antonio José de Sucre représenté sur un billet équatorien des années 1980 et plus récemment sur les pièces de 100 sucres.

CE BILLET DE 5 DOLLARS édité en 1909 par la Banque de Porto Rico porte l'indication « cinco dolares ».

44 AMÉRIQUES

SALVADOR

Le Salvador, le plus petit pays d'Amérique centrale, a adopté le dollar US en 2001 à la place du colón.

Avant cette date, les billets salvadoriens arboraient de magnifiques pyramides incas et aztèques et le portrait de Christophe Colomb qui a donné son nom à l'ancienne monnaie du pays .

LE BILLET DE 100 COLÓNS
Christophe Colomb, les trois caravelles à bord desquelles il a effectué la traversée de l'Atlantique pour aborder les côtes américaines.

À proximité de la capitale, San Salvador, la pyramide de Tazumal, vestige de la civilisation maya.

BAHAMAS

Le dollar dans les Caraïbes

Ce sont des îles du continent américain... Et leurs noms font rêver... Bermudes, Bahamas, Trinité-et-Tobago...

Elles ont toutes adopté le dollar comme monnaie mais ont troqué le tristounet petit billet vert contre des paysage de mer, de soleil et d'oiseaux aux mille couleurs. Finalement on les comprend. Vivre au paradis sur une plage de rêve de l'une des 700 îles situées dans l'océan Atlantique à l'est de la Floride... Soleil, mer, poissons et fruits exotiques, c'est le cocktail savoureux que proposent les Bahamas sur leurs billets...

« C'est les Bahamas ici...»
L'expression populaire
est très claire...

LE BILLET DE 1/2 DOLLAR DES BAHAMAS
Vendeuse sur le marché du port de Nassau, capitale des Bahamas.

ANTIGUA-ET-BARBUDA

C'est en bateau que l'on peut naviguer de l'île d'Antigua à celle de Barbuda... Baie de rêve, voilier et oiseaux, le billet de 10 dollars des Caraïbes en témoigne... Ici, nous sommes presque au paradis.

BERMUDES

Bleus les billets comme la mer qui l'entoure, cet archipel d'Amérique du Nord se compose de 360 îles (et îlots) dont une vingtaine seulement sont habitées.

LES SEPT ÎLES PRINCIPALES
sont reliées entre elles par des ponts comme on peut le voir sur le billet de 2 dollars des Bermudes.

TRINITÉ-ET-TOBAGO

SITUÉE DANS LES CARAÏBES AU NORD DU VENEZUELA,
Trinité-et-Tobago est un sanctuaire pour des centaines d'espèces d'oiseaux. Ils nichent aussi sur les dollars, verts comme la forêt, bleus comme la mer.

CANADA

Mais que fait la reine d'Angleterre sur les billets en dollars canadiens ? Eh bien, on ne le sait pas toujours mais Élisabeth II est aussi souveraine du Canada.

Depuis le règne de la reine Victoria (1837-1901), les souverains britanniques sont aussi roi ou reine du Canada mais aussi du Belize, de la Grenade, de la Jamaïque, de la Barbade, d'Antigua-et-Barbuda, de Sainte-Lucie, de Saint-Kitts, de Saint-Vincent-et-les-Grenadines, de la Papouasie-Nouvelle-Guinée, des îles Salomon, des îles Cook, de Tuvalu, de l'Australie et de la Nouvelle-Zélande. La série actuelle des billets canadiens, « l'Épopée canadienne », a été lancée en 2001. Il s'agit de la 6e série émise par la Banque du Canada depuis 1935.

LE BILLET DE 10 DOLLARS CANADIENS
Un vétéran et deux enfants respectent le Jour du souvenir (consacré à la mémoire des soldats tués au cours des guerres) pendant que les forces de terre et de mer veillent.

LE BILLET DE 20 DOLLARS CANADIENS
Création de Bill Reid (1920-1998) : « Le Grand Corbeau, les Premiers Hommes et l'esprit d'Haïda Gwali ».

LE BILLET DE 50 DOLLARS CANADIENS
la Déclaration universelle des droits de l'Homme, Thérèse Casgrain et « the Famous Five », cinq Canadiennes qui ont œuvré en faveur du Droit des femmes.

LE BILLET DE 100 DOLLARS CANADIENS
Deux cartes du Canada ; une ancienne, tracée au compas et une vue de satellite réalisée sur ordinateur.

LE BILLET DE 5 DOLLARS CANADIENS
Les joies de la glace et de la neige pour
les enfants canadiens.

Les billets de cette série sont dotés
d'éléments de sécurité
jamais vus auparavant sur des
billets de banque canadiens.
De plus, chaque coupure comporte un
élément tactile spécifique
destiné à aider les malvoyants
à identifier sa valeur.

ARGENTINE

Le peso

Le peso (« poids » en espagnol) est la monnaie nationale de plusieurs pays latino-américains. Ce sont tous d'anciennes colonies espagnoles.

Comme de nombreux pays, l'Argentine met à l'honneur des hommes célèbres de son histoire sur ses billets de banque.

LE BILLET DE 5 PESOS
Général argentin (1778- 1850)
José de San Martín, libérateur de l'Argentine, du Chili et du Pérou. La sculpture en bronze située près de la ville de Mendoza commémore la traversée des Andes dirigée par ce général.

LE BILLET DE 1 PESO
Carlos Pellegrini (1890- 1892)
président de la nation argentine.

CUBA   MEXIQUE

On peut le voir sur des T-shirts, des posters, des tasses… dans le monde entier. Le Che de son vrai nom Ernesto Che Guevara est sans doute l'un des plus célèbres personnages de l'histoire de ces soixante dernières années.

Héros, en 1959, de la révolution cubaine qui va chasser les Américains et les riches propriétaires de l'île pour porter au pouvoir le président Fidel Castro, le Che représente pour des millions de gens le symbole de la liberté et de la révolution.

À l'époque le Mexique est gouverné par un général corrompu soutenu par des grands propriétaires qui aggrandissent leurs haciendas en expropriant les indigènes de leurs propriétés.

Zapata constitue une armée afin d'aider les petits paysans à conserver leurs terres. Aujourd'hui encore de nombreux Mexicains considèrent Zapata comme une légende.

LE BILLET DE 3 PESOS
Le Che est le symbole de la révolte des petites gens contre la puissance de l'argent.

Comme Cuba, le Mexique célèbre un révolutionnaire : Emiliano Zapata (1879-1919), héros de la révolution mexicaine.

CHILI

L'hacienda, « la ferme », est sans doute le paysage le plus typique des pays sud-américains.

Il s'agit d'une exploitation agricole importante, constituée de bâtiments souvent blancs et agrémentés de patios comme ceux que l'on peut voir dans certaines séries télévisées comme Zorro. Cette architecture date de la colonisation espagnole en Amérique. Les colons ont reconstitué sur les terres vierges du nouveau continent les habitations traditionnelles espagnoles des plaines d'Andalousie. On trouve des haciendas au Mexique, en Argentine, au Chili, en Colombie et au Venezuela et sur les billets en pesos de la plupart de ces pays.

RÉPUBLIQUE DOMINICAINE

LE BILLET DE 20 PESOS DE LA RÉPUBLIQUE DOMINICAINE
Gregorio Luperón (1839-1897).
Général de l'armée de la République dominicaine, il en fut le président en 1879.

LE BILLET DE 1000 PESOS
Ignacio Carrera Pinto fait partie de la liste des héros chiliens.

COLOMBIE

URUGUAY

LE BILLET DE 5 PESOS
Joaquín Torres García (1874-1949)
était un peintre
et sculpteur uruguayen
qui reste l'artiste le plus
connu dans son pays.

LE BILLET DE 50 000 PESOS COLOMBIENS
Jorge Isaacs (1837-1895), écrivain et poète
colombien. L'hacienda el Paraíso, lieu dans
lequel se déroule l'intrigue de son roman *Maria*.

BRÉSIL

Le Brésil est une ancienne colonie portugaise. Voilà pourquoi les Brésiliens parlent portugais. Dès le XVIIᵉ siècle, les brésiliens ont utilisé le real. Il s'agissait de la monnaie du roi de Portugal (*real* signifie « royal ») en circulation depuis 1500.

Dans la dernière série réalisée en 1994, le Brésil a choisi d'imprimer sur ses billets quelques-uns des animaux en voie de disparition. La faune brésilienne compte plus de 500 espèces de mammifères, et une trentaine de singes que l'on peut voir dans d'immenses forêts, dont la plus connue est celle d'Amazonie. Avec la déforestation, beaucoup d'animaux risquent de disparaître. C'est le cas du jaguar ou du tamarin lion. Ce petit singe à crinière et longue queue aime dormir dans les troncs qui l'abrite du mauvais temps et des prédateurs. Sans arbres, il perd son habitat et sa nourriture. Les braconniers le capturent aussi pour le vendre dans des zoos ou comme animal de compagnie parce qu'il est gentil et facétieux. Il y a cinq siècles, Madame de Pompadour en possédait déjà un.

LE BILLET DE 1 REAL
Un colibri au-dessus
de son nid nourrit
ses oisillons.

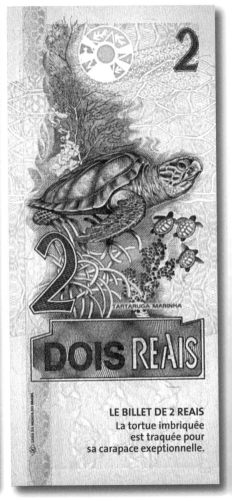

LE BILLET DE 2 REAIS
La tortue imbriquée
est traquée pour
sa carapace exeptionnelle.

LE BILLET DE 25 REAIS
Le singe lion est un symbole
pour le Brésil qui lutte
pour sa préservation.

LE BILLET DE 50 REAIS
Bien qu'en voie de disparition,
on trouve encore quelques
jaguars dans la forêt.

LE BILLET DE 100 REAIS
Le mérou subit les méfaits
de la pêche industrielle.

VENEZUELA

Simon Bolivar est né le 24 juillet 1783 à Caracas. Cet homme politique et général est le héros de l'indépendance des pays sud-américains (Bolivie, Colombie, Équateur, Panama, Pérou et Venezuela) face à la colonisation espagnole) On le surnommait le Libertador : « le libérateur ».

Il est toujours un mythe en Amérique latine : le Venezuela a choisi de s'appeler « République bolivarienne du Venezuela » en l'honneur de Bolivar, lequel s'affiche aussi sur la monnaie du pays. Mais au-delà, il est un symbole de liberté dans le monde entier. Aussi, on retrouve des statues à son effigie dans la plupart des grandes villes hispanophones du monde mais aussi à New York, Paris, Lisbonne, Londres, Bruxelles, Le Caire, Tokyo, Québec et Ottawa.

COSTA RICA

Le colon, la monnaie du Costa Rica, doit son nom au navigateur Christophe Colomb (1451-1506), Cristobal Colon en espagnol.

Mais sur les billets en colon ce sont les animaux qui ont la vedette. Ils arborent les merveilleuses richesses de sa faune unique au monde. Le pays compte 200 espèces de mammifères dont le jaguar, seigneur de la forêt, et le paresseux qui passe sa vie couché sur son arbre, 220 espèces de reptiles et 850 espèces d'oiseaux. Les visiteurs peuvent les admirer dans 26 parcs nationaux. Un tiers du pays est un territoire protégé. Un vrai sanctuaire pour les animaux.

COMME LE BRÉSIL,
le Costa Rica met en scène la faune de ses forêts et de la mer qui borde ses côtes. Mais comme la plupart des autres pays, ce sont des personnages célèbres qui ornent le recto.

NICARAGUA

Le córdoba d'or !

En 1523, l'explorateur espagnol Francisco Fernandez de Córdoba, avec trois bateaux et 110 soldats, débarque sur les côtes du Nicaragua. Il est le premier Européen à voyager dans cette région et le premier à découvrir le peuple maya.

Córdoba fonde les premières villes de la colonisation. Il leur donne les noms de deux villes espagnoles : Grenade (sur le lac Nicaragua) et León (à l'est du lac de Managua). La dépouille de Córdoba a été retrouvée dans les années 2000 près de la ville de León. En son honneur, le Nicaragua a appelé sa monnaie le córdoba oro (le córdoba d'or). Visiter le Nicaragua, c'est d'abord admirer des paysages grandioses et paradisiaques qu'il est possible de retrouver sur les billets nicaraguayens.

Sur tous les billets du Nicaragua apparaît le blason du pays. Il est composé d'un triangle équilatéral, symbole d'égalité, d'une chaîne de cinq volcans (les cinq pays d'Amérique centrale) entre deux océans. Un bonnet phrygien représente la liberté. Quant à l'arc-en-ciel, il est synonyme de paix.

LE BILLET DE 10 CÓRDOBAS
Les îlots de Grenade sont situés sur le lac Nicaragua. 365 petites îles à la végétation luxuriante peuplée d'oiseaux.

LES TOUT NOUVEAUX BILLETS DU NICARAGUA SONT EN POLYMÈRE
(ils ne sont plus fabriqués en papier mais sur un film plastique).

10 CÓRDOBAS
L'hacienda San Jacinto.

20 CÓRDOBAS
Illustration de la danse de Palo de Mayo.

50 CÓRDOBAS
Le Grand Canyon de Somoto.

100 CÓRDOBAS
La cathédrale de León.

200 CÓRDOBAS
L'île d'Ometepe dans le lac Nicaragua.
L'oiseau national, le guardabarranco.

500 CÓRDOBAS
Statues précolombiennes
(existantes avant Christophe Colomb).

PANAMA

De vieux billets

La monnaie du Panama a été créée en 1904 en l'honneur de l'explorateur espagnol Vasco Nunez de Balboa, ce conquistador du XVᵉ siècle célèbre pour avoir découvert le Pacifique.

Mais si la monnaie du Panama est officiellement le balboa, le pays ne fabrique plus de billets. Il préfère se servir du dollar américain qui a la même valeur. Les Panaméens peuvent aussi utiliser les pièces en dollars mais possèdent cependant leurs propres pièces. Côté face, elles sont à l'effigie de l'explorateur Balboa. Côté pile, on peut retrouver les armoiries du pays. Un sabre et un fusil symbolisent l'aptitude de la nation à se défendre, une pelle et une pioche, le travail. Une corne d'abondance représente la richesse du pays et une roue ailée, le progrès. À son sommet, un aigle tient dans son bec une ceinture d'argent. Au-dessus de sa tête, les neuf étoiles symbolisent les neuf provinces du Panama.

GUATEMALA

Des plumes comme monnaie

Tecún Umán (1500-1524) fut le dernier dirigeant du peuple amérindien Quiché, un des peuples mayas du Guatemala.

Il défendit avec bravoure sa terre et son peuple contre les conquistadors espagnols qui l'assassinèrent. C'est un héros national au Guatemala qui l'a choisi comme emblème des billets de ½ quetzal. Il a inspiré beaucoup de légendes et de chansons. Par exemple, on dit que lorsque Tecún Umán fut tué, le fidèle oiseau quetzal qui l'accompagnait mourut de tristesse. Depuis, les quetzals ne chantent plus.

Oiseau mythique à la beauté légendaire, le quetzal, qui est considéré comme l'oiseau sacré sur la terre des Mayas (Guatemala), a donné son nom à la monnaie du pays.

Dans l'ancienne culture maya, les plumes de la queue du quetzal étaient déjà utilisées comme monnaie. De magnifiques et longues plumes vert et bleu, que les rois utilisaient jadis pour orner leurs parures. Au printemps, les mâles effectuent de véritables ballets dans les airs destinés à séduire les femelles. Le quetzal est malheureusement aujourd'hui en voie de disparition

TECÚN UMÁN,
le héros national du Guatemala
et son fidèle quetzal qui a donné son nom
à la monnaie locale.

LE QUETZAL

HONDURAS

Rouge sang

Le lempira hondurien doit son nom au chef indien Lempira de la tribu des Lencas.

Comme Tecun Uman, celui qu'on appela le « Maître des montagnes », lutta au XVIᵉ siècle contre les Espagnols en levant une armée de 30 000 hommes venus de 200 villages. Il fut sauvagement assassiné. C'est peut-être pour cela qu'il apparaît aujourd'hui sur le billet de 1 lempira dont la couleur dominante est le rouge sang. On le retrouve également sur la pièce de 50 centavos.

LA PIÈCE DE 50 CENTAVOS ET LE BILLET DE 1 LEMPIRA
L'Indien Lempira défendit vaillamment son peuple face à la conquête espagnole.

BOLIVIE

Un pont en argent !

C'est la plus haute ville du monde... Elle s'appelle Potosi et a été construite à 4100 mètres d'altitude. Ici, au XVIIᵉ siècle, l'argent coulait à flots. Potosi était l'une des cités les plus riches de la terre grâce à ses mines d'où on extrayait un argent extrêmement pur.

La légende raconte qu'il y en avait tellement qu'on aurait pu construire un pont d'argent entre la Bolivie et l'Espagne. La ville comptait alors 160 000 habitants quand Londres et Paris ne dépassaient pas les 50 000 citadins. 8 millions d'esclaves seraient morts dans l'exploitation de ces gisements. C'est ici que l'Espagne faisait fabriquer ses pièces. Ironie du sort, c'est aujourd'hui en Espagne que sont fabriqués les billets en bolivianos. Aujourd'hui les mines ne rapportent plus grand-chose car les cours de l'argent se sont effondrés.

À Potosi, On peut toujours visiter *la casa de la Monade*, «la maison de la Monnaie», qui recèle une collection de pièces anciennes extraordinaires.
La monnaie bolivienne date de 1826 (indépendance du pays). À l'époque, il s'agissait bien sûr de pièces en argent. Elles représentaient comme dans la plupart des pays sud-américains le buste du libérateur Simon Bolivar, et au revers un lama, l'animal fétiche des habitants des Andes qui l'utilisent pour grimper dans les très hautes sierras (montagnes). La monnaie prend le nom de boliviano en 1863.

Aujourd'hui la plupart des billets en bolivianos font référence à des personnages historiques du pays, peu connus en dehors de la Bolivie.

PÉROU

L'Eldorado!

« C'est pas le Pérou »...
Cette expression fait référence au manque d'intérêt d'un lieu ou d'une situation par opposition à l'attirance provoquée par les richesses promises par ce pays à la période des conquistadors. Le Pérou, fondé par Manco Capac chef des Incas, devient une vice-royauté espagnole en 1532.

À cette époque, les Incas sont capturés et transformés en esclaves que l'on envoie dans les mines qui regorgent d'or et d'argent... Des fortunes colossales transformées en pièces de monnaie d'or et d'argent sont envoyées en Espagne. On parle bientôt d'Eldorado pour qualifier cette région du monde.
Aujourd'hui, l'Eldorado est l'un des pays les plus pauvres. Mais le Pérou a donné à sa monnaie un nom plein d'espoir : *le nuevo sol*... «Nouveau soleil ».

LA PIÈCE DE 5 NOUVEAUX SOLS
Le nuevo sol représente les armoiries du Pérou. Celles-ci symbolisent les trois richesses du pays : la vigogne (cousin du lama), l'arbre quinquina et l'or. Le côté face représente un colibri. Ce dessin est l'une des lignes de Nazca (ces dessins immenses que l'on peut voir d'avion lorsque l'on survole le désert, au Pérou). Elles ont été faites par une civilisation pré-inca, les Nazca et sont inscrites au patrimoine mondial de l'humanité.

PARAGUAY

Monnaie indigène

Le nom de la monnaie paraguayenne a été donné en référence à l'une des tribus indigènes du pays : les Guarani.

Certains vivent encore en tribu dans la jungle du nord du Paraguay.
Mais leur territoire, de plus en plus menacé par la déforestation, se réduit considérablement.

LE BILLET DE 2000 GUARANI
Adela et Celsa Speratti,
deux enseignantes de la fin du XIXᵉ siècle qui ont été d'un dévouement exemplaire, au sein de l'École normale paraguayenne, formant des générations de professeurs.

LE GUARANI

HAÏTI

BILLET DE 10 GOURDES
Femme hors du commun,
Sanité Belair a participé,
aux côtés de Toussaint
Louverture à la révolution
haïtienne.

Sanité Belair

La révolution haïtienne est la première révolte d'esclaves de l'histoire ayant conduit en 1804 à la première république noire libre du monde. Les billets haïtiens, les gourdes (traduction du mot espagnol *gordo*, qui veut dire « gras ») mettent à l'honneur les héros de la révolution d'indépendance d'Haïti contre les colons français.

Parmi eux, une femme, Sanité Belair, de son vrai nom Suzanne Belair (1781-1802). Elle devient lieutenante de l'armée de Toussaint Louverture, héros haïtien de la guerre d'indépendance.
Tout comme les hommes, elle s'est battue dans les montagnes haïtiennes. Arrêtée, elle est fusillée par les Français.

Ce billet a été édité en 2004, à l'occasion du bicentenaire de l'indépendance de Haïti. Le fort Ogé, situé sur le plateau de Cap-Rouge fut érigé en 1805, pour protéger les Haïtiens d'un retour éventuel des armées coloniales françaises.

EANIE

AUSTRALIE
NOUVELLE-ZÉLANDE

LE DOLLAR AUSTRALIEN

AUSTRALIE

Ils ne passent pas inaperçus.

Si on devait remettre un trophée au pays dont les billets ont les plus belles couleurs, nul doute que l'Australie serait parmi les gagnants. Bleu électrique, parme ou vermillon, les dollars australiens ne passent pas inaperçus.

Ils sont aussi résolument modernes dans leur fabrication. Ils sont en plastique et non en papier, donc impossibles à déchirer. Les Australiens utilisent beaucoup plus l'argent liquide que les Français. Ils payent de nombreuses choses cash y compris le loyer. Le chèque n'existe pratiquement pas. Les pièces représentent des animaux australiens comme l'ornithorynque, l'oiseau-lyre et bien sûr le kangourou et l'émeu. Ces deux derniers sont des emblèmes du pays.

5 DOLLARS AUSTRALIENS
Henry Parkes (1815-1896)
Le « père de la fédération ».
Il fut surnommé ainsi
en raison de l'énergie
qu'il déploya au service
de la création de la
fédération australienne.

20 DOLLARS AUSTRALIENS
Mary Reibey (1777-1855)
Malgré la perte de ses
parents et sa condamnation
pour le vol d'un cheval à l'âge
de 13 ans, elle devient une
femme d'affaires reconnue
grâce à sa force de travail
et une philanthrope
à la fin de sa vie.

50 DOLLARS AUSTRALIENS
David Unaipon (1872-1967)
est un écrivain australien
aborigène. Il a été
le porte-parole de son
peuple pour la création
d'un conseil aborigène
indépendant.

10 DOLLARS AUSTRALIENS

Andrew Barton (« Banjo ») Paterson (1864-1941) Il est l'un des plus grands écrivains et poètes australiens. Il fut correspondant en France lors de la Première Guerre mondiale.

100 DOLLARS AUSTRALIENS

Sir John Monash (1865-1931) Ingénieur de formation, ce général australien a commandé la 3e division australienne, en France, lors de la Première Guerre mondiale.

NOUVELLE-ZÉLANDE

Le kiwi

« Kiwi », c'est ainsi que les Néo-Zélandais appellent affectueusement leur monnaie, le dollar de Nouvelle-Zélande. Il s'agit du nom de ce drôle d'oiseau, incapable de voler et qui n'existe que sur cette île. Choisi comme effigie des pièces de 20 cents et de 1 dollar, il est maintenant l'emblème de la monnaie néo-zélandaise.

Sur les billets, d'autres bipèdes ont rejoint le kiwi.... Le hoiho (manchot), le whio (canard bleu), le karearea (faucon), le kokako et le mohua, sont quelques-uns des centaines d'oiseaux qui peuplent la Nouvelle-Zélande. Ces jolis noms rigolos, on les doit aux Maori, les premiers habitants de l'île. Ils parlent une langue aux sonorités exotiques pour nous qui est toujours enseignée dans les écoles primaires.

LE BILLET DE 5 DOLLARS NÉO-ZÉLANDAIS
L'hoiho, ou manchot à œil jaune, n'existe qu'en Nouvelle-Zélande. Il est en voie d'extinction.

LE BILLET DE 10 DOLLARS NÉO-ZÉLANDAIS
Lorsqu'il crie, le canard bleu de Nouvelle-Zélande fait whi... o. Le nom lui est resté.

LE BILLET DE 20 DOLLARS NÉO-ZÉLANDAIS
Karearea, le faucon est le seul oiseau de proie de l'île.

LE BILLET DE 100 DOLLARS-NÉO-ZÉLANDAIS
Le mohua, oiseau à tête jaune, est la proie des hermines et des opossums.

LE BILLET DE 50 DOLLARS NÉO-ZÉLANDAIS
Le cri du kokako s'entend à des kilomètres.

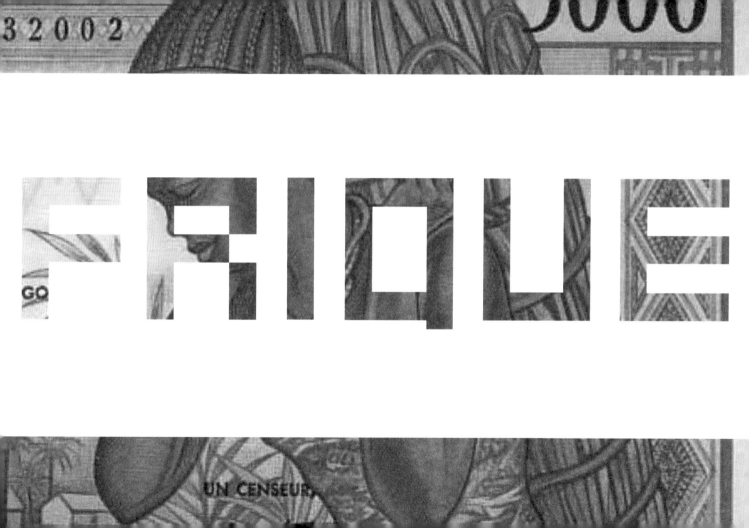

TUNISIE

Hannibal

Voilà Hannibal, coiffé de son casque de combattant. Derrière lui, le port de Carthage, la ville tunisienne où le guerrier est né et dont on peut aujourd'hui admirer les ruines surplombant la Méditerranée.

Les Tunisiens et les Algériens ont choisi le même homme pour illustrer certains de leurs billets en dinars. Il faut dire qu'Hannibal est une légende dans les pays du Maghreb et bien au-delà. Hannibal Barca (qui signifie « l'homme qui a la faveur de la foudre ») est né en 247 avant Jésus-Christ à Carthage (Tunisie). Général et homme politique, il est considéré comme l'un des plus grands tacticiens militaires de l'histoire de l'humanité. À cette époque, Rome veut imposer son pouvoir à tout le monde méditerranéen. Refusant cette domination, Hannibal va gagner l'Italie après avoir traversé l'Espagne, les Pyrénées puis les Alpes escorté par... un troupeau d'éléphants. Il assiège Rome. Hannibal ne parviendra pas à prendre la ville mais restera dans l'Histoire comme le héros d'un incroyable périple.

ALGÉRIE

Le dinar actuel est le lointain héritier du premier dinar frappé en 696-697 sous le règne du calife Abd al-Malik.

Ce chef très puissant va étendre son règne de Damas (Syrie) jusqu'au Maghreb et frapper monnaie (fabriquer de la monnaie) en arabe. Dans tous ces territoires que le calife contrôle, ces pièces remplacent la monnaie byzantine et iranienne. Trois pays du Maghreb – la Tunisie, l'Algérie et la Libye – ont conservé le dinar comme monnaie nationale.

LE BILLET DE 500 DINARS
Les troupes et les éléphants d'Hannibal combattent les légions romaines.

LE DINAR

LIBYE

De nouveaux billets à venir

La Libye est connue pour son désert, ses dromadaires, son pétrole et son président Mouammar Kadhafi. Ce sont les trois thèmes arborés par le dinar Libyen.

Il est probable que les nouveaux dirigeants de la Libye vont faire éditer de nouveaux billets de banque qui sont encore, à l'heure actuelle, à l'effigie de leur président récemment déchu.

LE BILLET DE 5 DINARS
La Libye est un vaste désert.
Rien de tel que le dromadaire
pour se déplacer dans
les dunes de sable.

LE BILLET DE 1/2 DINAR
Le pétrole est la plus grande
richesse de la Libye
qui exporte son or noir
dans le monde entier.

© www.monnaiesdumonde.

LE DIRHAM

MAROC

De nouveaux billets à venir

Au Maroc, le roi est bien plus qu'un simple monarque. Il est le représentant d'Allah (le Dieu des musulmans) sur terre.

C'est donc un personnage extrêmement important. Les billets en dirhams marocains célèbrent trois des membres de la dynastie allaouite qui règnent sur le Maroc depuis le milieu du XVIIᵉ siècle.

LE BILLET DE 100 DIRHAMS
Mohamed VI, actuel roi du Maroc, 23ᵉ monarque de la dynastie allaouite devant le portrait de son père Hassan II et de son grand-père Mohamed V.

L'art du marchandage

Lorsque l'on voyage dans un pays arabe (Tunisie, Maroc, Égypte, Jordanie ou Syrie), faire un tour dans un souk ou dans la médina (vieille ville) est incontournable. C'est ici que l'on peut acheter les souvenirs d'artisanats locaux : maroquinerie, épices, tapis, lampes... Seul hic... dans les souks, les prix n'existent pas. Aussi il faut marchander pour obtenir l'objet convoité. Le principe est simple : le vendeur annonce un prix, en général très élevé. L'acheteur en propose un autre, beaucoup plus bas. Chacun son tour, le vendeur et l'acheteur font des propositions jusqu'à tomber d'accord sur un prix juste et équitable pour les deux parties. Le marchandage n'est pas seulement un petit jeu pour touristes... C'est une tradition à laquelle les habitants du pays sont aussi soumis.

LE FRANC CFA

BÉNIN

RÉPUBLIQUE DU TCHAD

BURKINA FASO

CAMEROUN

CÔTE D'IVOIRE

GABON

GUINÉE-BISSAU

Huit pays de la zone franc ont adopté une monnaie commune.

Le franc CFA (Communauté financière africaine) est utilisé dans la plupart des pays qui furent des colonies françaises. Entre le XVI⁽ᵉ⁾ siècle et le milieu du XX⁽ᵉ⁾ siècle, ces pays étaient considérés comme des États français. Les habitants devaient y parler français et utiliser la monnaie imposée par les colons français.

Dans les années 1950, la plupart des pays d'Afrique de l'Ouest colonisés ont retrouvé leur indépendance. Quinze États africains (dont les Comores) et trois collectivités françaises du Pacifique : la Polynésie française, Wallis-et-Futuna et la Nouvelle-Calédonie ont choisi de rester dans la zone franc et d'utiliser un même système monétaire : le franc CFA. Huit pays, le Bénin, le Burkina Faso, la Côte d'Ivoire, la Guinée-Bissau, le Mali, le Niger, le Sénégal et le Togo ont des billets communs depuis 2003 ; d'autres comme le Cameroun, le Tchad ou le Gabon ont conservé des billets originaux.

1 000 FCFA
Le désert avec un couple de dromadaires.

MALI

GUINÉE ÉQUATORIALE

NIGER

RÉPUBLIQUE DU CONGO

SÉNÉGAL

RÉPUBLIQUE CENTRAFRICAINE

TOGO

Les coupures de couleurs différentes comportent toutes au recto un même motif principal : le logo de la Banque centrale d'Afrique de l'Ouest : le poisson-scie stylisé qui est une reproduction de la figurine en bronze qui servait jadis à peser la poudre d'or chez les peuples Akan (ethnie du Ghana et de Côte d'Ivoire). Il symbolise la prospérité et la fécondité dans les mythologies africaines.

Au verso sont présentés des couples d'animaux d'Afrique de l'Ouest et qui témoignent de la diversité géographique de cette région du monde.

10 000 FCFA
La forêt et un couple de touracos.

5 000 FCFA.
La savane, avec deux antilopes.

BÉNIN

RÉPUBLIQUE DU TCHAD

BURKINA FASO

CAMEROUN

CÔTE D'IVOIRE

GABON

GUINÉE-BISSAU

Le Cameroun, la République du Tchad et le Gabon n'ont pas adopté les nouveaux francs CFA.
Ils conservent des billets illustrés par trois grandes thématiques : l'agriculture (elle constitue la principale ressource et activité des populations), les masques (qui accompagnent toutes les fêtes et les cérémonies) et les femmes (Elles ont un rôle prépondérant sur le continent).

Agricultrices, commerçantes, artisans. Ce sont elles qui font vivre les villages, en allant chercher l'eau au puits, en pilant le mil ou le blé... On dit souvent qu'elles sont l'avenir de l'Afrique.

CES BILLETS DE 5 000 ET 10 000 F CFA sont en circulation au Tchad, au Cameroun et au Gabon. L'agriculture emploie une grande partie des travailleurs de ces pays qui cultivent le mil, le coton ou le manioc.

MALI

 GUINÉE ÉQUATORIALE

 NIGER

 RÉPUBLIQUE DU CONGO

 SÉNÉGAL

 RÉPUBLIQUE CENTRAFRICAINE

 TOGO

BILLET DE 5 000 F CFA
en circulation en République centrafricaine. L'exploitation des bois exotiques et la création d'énergie grâce aux barrages, les transports en avion ou en train sont mis en évidence sur ce billet d'une très belle facture.

BÉNIN

RÉPUBLIQUE DU TCHAD

BURKINA FASO

CAMEROUN

CÔTE D'IVOIRE

GABON

GUINÉE-BISSAU

Les masques

En Afrique, pas de fêtes, pas de cérémonies sans eux. Les masques ont chacun un rôle bien précis. Ils préservent des maladies, de la mort et des revers de fortune.

Les masques sont aussi des armes dans les mains des sorciers. Ils ont le pouvoir de conjurer le mauvais sort (ci-dessous sur le billet de 5000 francs CFA de la République du Tchad, ci-contre, page de droite 1000 francs CFA au Cameroun).

Les masques sont sculptés en bois. Le travail de l'artisan est présenté sur ce billet de 500 francs CFA utilisé au Tchad et au Gabon.

 MALI

 GUINÉE ÉQUATORIALE

 NIGER

 RÉPUBLIQUE DU CONGO

 SÉNÉGAL

 RÉPUBLIQUE CENTRAFRICAINE

TOGO

BÉNIN

RÉPUBLIQUE DU TCHAD

BURKINA FASO

CAMEROUN

CÔTE D'IVOIRE

GABON

GUINÉE-BISSAU

Les femmes sont l'avenir de l'Afrique.

Chaque pays connaît ses modes vestimentaires et ses coiffures. Femme centrafricaine (ci-contre), Femme tchadienne (page de droite) et commorienne (ci-dessous).

BILLETS DE 5000 FRANCS CFA
L'union douanière qui existait entre le Congo, la République centrafricaine, le Gabon et le Tchad s'est développée avec le Cameroun et la Guinée équatoriale après que ces divers pays eurent acquis leur indépendance.

MALI

GUINÉE ÉQUATORIALE

NIGER

RÉPUBLIQUE DU CONGO

SÉNÉGAL

RÉPUBLIQUE CENTRAFRICAINE

TOGO

GUINÉE

CFA ou pas ?

Pendant longtemps, la Guinée a utilisé comme monnaie les cauris (petits coquillages blancs avec des petits traits noirs ressemblant à des dents). Il s'agissait d'une monnaie très fiable, impossible à imiter donc à falsifier. Ceux-ci étaient même placés dans des banques.

Aujourd'hui, en Afrique, les cauris servent de pions pour certains jeux de société ou sont utilisés par des voyantes qui les lancent pour lire l'avenir.
La Guinée possède une monnaie qui s'appelle le franc. Mais il ne s'agit pas du franc CFA. Depuis l'indépendance, la Guinée est restée très attachée à sa monnaie... Même si le pays parle de plus en plus d'adopter le franc CFA, mais ce n'est pas encore le cas.

Faux billets

Cameroun, Côte d'Ivoire, Maroc, Algérie... Les fausses coupures circulent beaucoup en Afrique. Les billets ont beau être plus sophistiqués et sécurisés, les faux monnayeurs parviennent à déjouer tous les pièges. Mais les autres monnaies ne sont pas épargnées... L'euro, pourtant réputé infalsifiable, est de plus en plus victime de copies. 500 000 faux billets pourraient ainsi circuler dans la zone euro et particulièrement les billets de 20 et de 50 euros.

EN GUINÉE, CHAQUE RÉGION A SES COSTUMES TRADITIONNELS. Femme de Basse-Guinée sur le billet de 1000 francs et femme de Moyenne-Guinée avec la coiffure traditionnelle « le cimier » sur le billet de 5 000 francs guinéens.

TANZANIE

Le shilling est une ancienne unité monétaire anglaise (la livre était jusqu'en 1971 divisée en shillings, qui est en circulation dans plusieurs pays d'Afrique de l'Est : l'Ouganda, la Tanzanie, le Kenya et la Somalie).

Sur les shillings, les éléphants et les lions sont à l'honneur... Il faut dire que ces animaux sont emblématiques de la savane africaine, même si l'éléphant est malheureusement en voie d'extinction.
Le braconnage lié au commerce de l'ivoire et la disparition de son habitat en sont les causes.

Le roi des animaux trône sur le billet de 2 000 shillings tandis que le pachyderme parade sur le billet de 10 000 shillings tanzanien.

OUGANDA

Le billet de 500 shillings
de la banque d'Ouganda.

KENYA

Au Kenya, le billet de 1 000 shillings
présente toute une famille
d'éléphants se reposant dans
la savane sous les yeux intéressés
d'une paire de buffles
avec lesquels ils vivent généralement
en bonne intelligence.

Malgré le braconnage, ils sont encore nombreux dans les réserves de Massaï Mara,
d'Amboseli et de Tavo.

SOMALIE

En Somalie, pas d'éléphant. Il y en a eu par le passé... mais les nombreuses guerres qui ont dévasté ce pays et surtout les épisodes très importants de sécheresse ont chassé l'animal aux grandes oreilles du territoire.

En revanche, le dromadaire est partout présent dans le pays. Il est particulièrement adapté à la vie dans le désert avec sa bosse qui lui permet de stocker de l'eau et de la graisse pour s'hydrater et s'alimenter. Pas bête, la bête. La passion des Somaliens pour cet animal est telle que la Somalie est devenue le premier éleveur mondial de dromadaires.

LA PIÈCE DE 5 SHILLINGS SOMALIENS
On peut malgré tout retrouver une trace du pachyderme sur le côté face de la pièce de 5 shillings. Le côté pile présente les armoiries du pays.

MAURITANIE
Le plus long train du monde !

C'est le seul pays du monde à utiliser cette monnaie : l'ouguiya, un mot qui vient d'un mot arabe qui signifie « once ».

L'once était une ancienne unité de mesure du poids en France. Elle valait 30,59 g et était utilisée pour peser l'or. Cet immense pays désertique possède une vraie curiosité. Il s'agit du plus long train du monde. Le voilà sur le billet de 5000 ouguiyas. Avec ses 220 wagons, ses 4 locomotives, il mesure... 2,5 km de long. Il convoie le minerai de fer de la ville de Zouérate au cœur du désert jusqu'à la mer où le minerai est chargé sur des bateaux à destination de l'Europe.

La Mauritanie est aussi connue pour ses magnifiques bibliothèques de livres anciens conservés dans des oasis au milieu du Sahara comme celle de Chinguetti. Elles abritent des centaines de manuscrits parcheminés vieux de plus de sept siècles.

CELUI DE 2 000 OUGUIYA donne à voir les trois symboles de la Mauritanie : Le dromadaire, le « vaisseau du désert », le chalutier car la côte Atlantique de ce pays est la plus poissonneuse au monde, et le livre, symbole des magnifiques bibliothèques abritées dans les oasis du Sahara.

LE BILLET MAURITANIEN DE 5 000 OUGUIYA est illustré par le plus long train du monde !

CAP-VERT

Un criquet de cauchemar !

L'escudo (l'écu en portugais) était la monnaie des rois de Portugal. Les premières pièces de monnaie de ces souverains représentaient leur écu, c'est-à dire leur bouclier. L'île du Cap-Vert (Cabo Verde) est une ancienne colonie portugaise.

La population y parle encore le portugais et a gardé le nom de la monnaie. La plupart des pays qui ont choisi des animaux pour leur billet les illustrent en général de ceux qui font la fierté du pays. Ce n'est pas le cas au Cap-Vert qui a décidé d'illustrer son escudo par son pire cauchemar : le criquet pèlerin. Les Africains du Sahel le craignent comme la peste. Car lorsque les hordes de ces énormes sauterelles attaquent une région, elles ne laissent aucune végétation sur leur passage.

Le Cap-Vert a beau être une île à des kilomètres de l'Afrique de l'Ouest, cela n'a jamais empêché les criquets venant de Mauritanie, de l'atteindre et de dévaster les récoltes.

Le criquet pèlerin est un terrible prédateur qui dévaste tout sur son passage... Ses essaims attaquent régulièrement l'île du Cap-Vert.

LE BILLET DE 1 000 ESCUDOS DU CAP-VERT le représente, de profil, posé sur une feuille et vu de dessus, avec ses ailes largement déployées.

GAMBIE

Le paradis des oiseaux

La Gambie est le paradis des oiseaux. Les billets en dalasis, la monnaie locale, en présentent quelques espèces.

D'abord, le martin-pêcheur géant – il peut atteindre 50 centimètres – aime fréquenter le bord des cours d'eau et des lagunes de la Gambie. Quant à l'ibis, il y vit en groupe, se nourrissant de petits poissons, de mollusques, d'insectes et de serpents. Originaire d'Égypte, l'ibis nichait dans l'Antiquité dans la vallée du Nil. Il y était considéré comme un animal sacré. Les Égyptiens pensaient que sa venue annonçait une bonne récolte. Leur corps était souvent embaumé et placé dans les tombes des pharaons.

LE MARTIN-PÊCHEUR VIT EN GAMBIE... Ici, comme compagnon d'une petite fille sur le billet de 5 dalasis rouge carmin de la Banque centrale de Gambie.

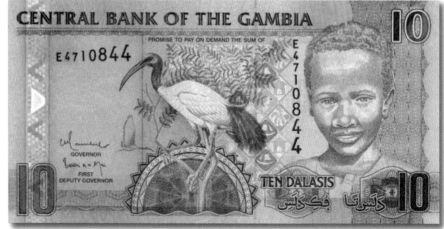

L'ibis sacré est reconnaissable à son long bec incurvé. Sur le billet vert de 10 dalasis, il est accompagné d'un jeune garçon.

SIERRA LEONE

L' Arbre avec
un grand A

Le Cotton Tree, « le cotonnier », est la plus célèbre attraction de Freetown, la capitale de la Sierra Leone.

Personne ne connaît précisément son âge mais il était déjà là en 1787 quand les premiers colons britanniques arrivèrent dans cette région et lorsque, cinq ans plus tard, un petit groupe d'esclaves américains affranchis rejoignit la colonie. Ces derniers avaient gagné leur liberté en combattant contre les Britanniques lors de la guerre d'Indépendance américaine. Après des jours et des jours de bateau, ils accostèrent sur les rives de cette région africaine. Ils appelèrent leur colonie Freetown (« ville libre ») et prirent l'habitude de se réunir sous l'arbre à coton. Aujourd'hui l'arbre fondateur illustre les billets de 10 000 leones... Une monnaie, qui porte le nom du pays.

CET ARBRE EST MYTHIQUE...
Ce cotonnier (arbre à coton)
a plus de trois siècles et était déjà là bien
avant la création de la Sierra Leone...
Le voilà sur le billet de **10 000** leones.

LIBERIA

Vive la femme !

On dit qu'en Afrique, ce sont les femmes qui font tourner l'économie. Mais c'est peut-être encore plus vrai au Liberia. En 2006, la population a élu... une présidente de la République, la première femme du continent africain à être nommée à la tête d'un État et l'une des rares dans le monde.

Cette élection a donné un immense espoir aux femmes de ce pays...Les petites filles se sont inscrites en masse à l'école, les adultes ont ouvert des commerces, souscrit des prêts bancaires pour investir dans des boutiques et vont même aujourd'hui jusqu'en Chine pour acheter les marchandises qu'elles vont revendre sur les marchés de Monrovia. Avec un tel dynamisme, il était donc logique que les dollars libériens rendent hommage aux femmes de ce pays.

On les voit cultiver le riz sur les billets de 5 dollars ou tenir une boutique au marché sur ceux de 100 dollars.

Au Liberia, ce sont les femmes qui cultivent le riz, alimentation de base de la population.

Une femme commerçante et son bébé dans une boutique du marché de Monrovia illustrent le billet de 100 dollars libérien.

GHANA

C'est nous, les femmes, qui le ferons.

Il s'agit d'un sacré personnage :
La reine mère de l'Empire Asante,
(l'ancêtre du Ghana), a vraiment
eu un destin hors du commun.
Yaa Asantewaa est née en 1840.
Cette drôle de petite bonne femme a
pris la tête de la rébellion contre les
colonisateurs britanniques, connue
comme la guerre du Tabouret d'or.

À cette époque, un général anglais, Frederick Hodgson, dirige la région. Un jour, il exige que les Asantes, l'ethnie du Ghana, lui remette le Tabouret d'or, le symbole de la nation. Cette demande va mettre le feu aux poudres. Les Asantes réclament le départ des Anglais et le retour de leur roi. Pour cela, ils sont prêts à se battre. Mais beaucoup d'hommes ont peur... Yaa Asantewaa va s'adresser à l'assemblée. « *Je constate que certains parmi vous craignent*

d'aller au front et de combattre pour notre roi. Il est donc vrai que la bravoure n'existe plus à Asante ? Je peux à peine le croire. Je me vois obligée de vous dire que si vous les hommes d'Asante ne vous levez pas, c'est nous les femmes, qui le feront. J'appellerai les femmes et ensemble nous combattrons les hommes blancs. Nous nous battrons jusqu'à ce que la dernière d'entre nous tombe sur le champ de bataille ».

LE BILLET DE 20 CEDIS
La reine mère reste un immense symbole que le Ghana arbore avec fierté sur ce billet.

Yaa Asantewaa, la reine mère, sera capturée, envoyée en exil aux Seychelles. Elle y mourra. Mais le rêve de Yaa s'accomplira en 1957 quand le protectorat d'Asante obtiendra son indépendance et sera rattaché au Ghana.

LE NAIRA

NIGERIA

Un art majeur !

En Afrique noire, la sculpture des masques est un art majeur. On les rencontre dans tous les pays, mais le Nigeria, le plus grand État du continent, a décidé d'en illustrer son billet de 1 naira.

Leurs formes et leurs tailles sont variées et les matériaux utilisés les plus divers mais avec une prépondérance pour le bois. Certains représentent des têtes d'animaux. Ceux qui les portent sont censés adopter les qualités de l'animal totem : le courage du lion, l'intelligence de la hyène, l'agilité de l'antilope ou la patience de l'éléphant. Mais les masques peuvent aussi avoir figure humaine et sont souvent portés par les sorciers qui servent de messagers entre les divinités et les hommes. Le masque est présent lors de tous les grands moments de la vie : naissance, mariage, enterre-

ment... Comme les masques, les danses traditionnelles accompagnent toutes ces cérémonies.

LE BILLET DE 5 NAIRA
illustre un ballet de danses rituelles présenté par la troupe Nkpokiti qui se produit dans le monde entier.

LE BILLET DE 1 NAIRA
Ce magnifique masque pendentif de la reine mère Lyoba est sculpté dans de l'ivoire.

ÉTHIOPIE

Une buna bet dans chaque village

Le travail du planteur de café est mis en évidence sur ce billet de 5 birr.

Le birr existe depuis plus de 1600 ans. Il s'agit donc de l'une des monnaies les plus anciennes encore en circulation.
Avec 88 millions d'utilisateurs, c'est la seconde devise la plus employée en Afrique juste après le naira, la monnaie du Nigeria.

C'est à Kaffa, région située au sud-ouest d'Addis-Abeba qu'un petit chevrier nommé Kaldi s'aperçoit que ses chèvres, après avoir mangé des petites baies rouges, sont toutes excitées. Kaldi les goûte. À lui aussi, ces petites graines font un effet incroyable... Le voilà en pleine forme, avec l'envie d'abattre des montagnes. Il apporte les petits grains dans son village. Les habitants vont verser de l'eau chaude dessus. Le café était né. Aujourd'hui, la culture du café éthiopien est devenue l'une des principales sources de revenus de ce pays. Toutes les villes et bourgades d'Éthiopie ont au moins une *buna bet* (une maison du café) où l'on peut en déguster. C'est donc tout naturellement que les Éthiopiens ont consacré un billet de birr, celui de 5 birr, à un planteur de café.

On peut admirer la finesse du travail de gravure sur ces pièces d'argent datées de 1889 à l'effigie de Menelik II, négus d'Éthiopie.

LE BIRR

ÉGYPTE

La reine Néfertiti et son extraordinaire beauté orne les billets de 5 piastres.

L'Égypte est une ancienne colonie anglaise. Les Égyptiens ont gardé de cette époque la monnaie, la livre, divisée en piastres.

Pour illustrer ses billets, l'Égypte n'a que l'embarras du choix, tellement son histoire est riche en personnages fabuleux. « La belle est venue », Néfertiti, était l'épouse du pharaon Akhenaton qui régna sur l'Égypte, il y a plus de 3 000 ans. Sa sublime beauté était célébrée par tous. Elle orne aujourd'hui les billets de 5 piastres, les plus petites coupures égyptiennes…
On peut voir Ramsès II sur le billet de 50 piastres. Ce fut le plus grand des pharaons. Il fit construire des dizaines de monuments en Égypte. Le plus célèbre est le temple d'Abou Simbel érigé sur les bords du Nil et qui est illustré sur le billet de 1 livre. Quant au Sphinx, ce gigantesque lion surmonté d'une tête humaine, il veille depuis des siècles sur les pyramides de Giseh dans la ville du Caire et sur le billet de 100 livres.
En Égypte, on pratique beaucoup le bakchich (*le pourboire* qui tire son origine d'un mot, *pressa*, qui signifie « don »), environ 50 piastres, qu'il est coutumier de laisser à tous les personnels de service : chauffeurs de bus, gardiens de temple, bagagistes, femmes de chambre, serveurs… En Égypte, c'est un véritable art de vivre. Il n'est pas réservé aux touristes. Les Égyptiens entre eux le pratiquent aussi. C'est souvent la seule façon pour la plupart des habitants de compléter leurs maigres salaires. Et puis, en Égypte comme dans tous les pays arabes, tout se marchande… cela fait partie de la vie quotidienne.

RAMSÈS II, COIFFÉ DU KHEPRESH
tenant son sceptre sur le billet de 50 piastres. Dans le cartouche, un hiéroglyphe qui signifie : « La justice de Rê est puissante, l'élu de Rê ».

LE BILLET DE 1 LIVRE ÉGYPTIENNE
avec le temple d'Abou Simbel
et ses statues colossales
édifiées sur les bords du Nil.

Le sphinx avec sa tête humaine
et son corps de lion est sans doute
la créature la plus fantastique
que l'Égypte ait inventée...
Le voilà majestueux
sur le billet de 100 livres.

ÉRYTHRÉE

L'Érythrée a mis à l'honneur le dromadaire sur ses billets
mais aussi les enfants qui sont l'avenir du pays...

L'Érythrée (son nom provient du grec *eurthros* qui signifie « rouge » en raison de sa proximité avec la mer Rouge) a longtemps utilisé comme monnaie le birr éthiopien. Mais en 1997, le pays décide de se doter de sa propre monnaie, le Nakfa.

Sur le billet de 100 nakfa, justice est rendue au zébu, qui lui aussi a son utilité dans les champs.

Le dromadaire n'est pas seulement un moyen de transport... Il sert aussi d'animal de trait pour les plantations comme on peut le voir sur le billet de 20 nakfa.

LE NAKFA

DJIBOUTI

On ne connaît pas vraiment l'origine du nom « Djibouti ». Mais la légende raconte qu'il y avait dans cette région un *bouti*, une sorte de cannibale qui faisait régner la terreur dans la région. Les habitants l'on chassé et ont appelé leur victoire *jab bouti*, « la défaite du Bouti »... Le nom est resté. Cet ancien territoire français a gardé le franc comme monnaie.

La Corne de l'Afrique

On appelle cette région située dans le nord-est de l'Afrique la Corne, parce que le continent forme comme une petite pointe recourbée. Dans cette partie du monde, la plus grande richesse des habitants est leur dromadaire... L'animal à une bosse est parfaitement adapté à la vie dans le désert inhospitalier. Il leur permet de voyager et même de cultiver au milieu de vastes étendues de sable. Les deux pays côtiers de la Corne de l'Afrique, l'Érythrée et Djibouti, ont voulu rendre hommage au ruminant à longues pattes.

Les plus modestes en possèdent un ou deux (ici sur le billet de 1000 francs de Djibouti). On appelle cette espèce de dromadaire le dankali, un animal utilisé principalement pour sa production de lait et le bât.

Les familles riches de Djibouti possèdent des troupeaux entiers de dromadaires (ici sur le billet de 2000 francs de Djibouti).

LE FRANC BURUNDAIS

BURUNDI
Un lac grand comme la Belgique !

Ce sont deux pays de la région des Grands Lacs... Le Burundi et le Rwanda ont tous les deux choisi de continuer à utiliser le franc après l'indépendance. Leurs billets mettent en valeur deux espèces animales, l'hippopotame et le gorille, véritables curiosités dans leur pays.

L'hippopotame est vraiment un animal spectaculaire. Il vit dans les mares, les étangs ou dans d'immenses étendues d'eau comme ici dans le lac Tanganyika au Burundi qui illustre le billet de 50 francs... Gigantesque, le lac fait 673 kilomètres de long sur 77 de large, la superficie de la Belgique. Le Tanganyika est le deuxième plus grand lac du monde et les pêcheurs du Burundi peuvent y rencontrer 400 espèces de poissons...

Les pêcheurs sortent leur barge sur le lac Tanganyika... Ils côtoient les hippopotames qui aiment se prélasser dans les eaux d'un des lacs les plus grands du monde.

La rivière Rusizi constitue une frontière naturelle entre le Burundi et le Rwanda. Elle est le principal affluent du lac Tanganyika.

RWANDA

Ce sont les singes, les héros des billets de 5000 francs du Rwanda. Et pour cause, « le pays aux mille collines » est l'un des derniers endroits au monde où l'on peut voir des gorilles en liberté.

Le parc national des Volcans qui les accueille dans une forêt tropicale de bambous très dense fut créé par Diane Fossey. Cette spécialiste des singes qui vécut trente ans à leurs côtés, fut retrouvée, en 1985, assassinée, probablement par un braconnier, dans la chambre de sa hutte. Elle est enterrée dans le cimetière qu'elle avait fait construire pour ses singes.

Le Rwanda et son parc des Volcans est le paradis des singes... Ci-dessous le singe doré escalade le billet de 1000 francs. Sur le billet de 5000 francs, le gorille vit encore en liberté dans les montagnes du Rwanda.

Du liquide pour la dot

La dot est une vieille tradition au Rwanda et au Burundi, comme dans de nombreux pays africains. Cette coutume exige que la famille du marié verse de l'argent à la famille de la jeune fille pour que leur fils puisse l'épouser. Ce qui rend la dot si importante pour le mariage en Afrique est qu'elle est synonyme d'union entre deux familles. Le montant de cette dot peut être extrêmement élevé... Il peut atteindre dix fois le revenu mensuel des parents du marié. Par le passé, la dot pouvait être versée en bêtes, en maison... Aujourd'hui, elle est presque toujours payée en argent liquide... Cela en fait, des billets !

ANGOLA

Sept ans de guerre !

Il se jette dans l'océan Atlantique et s'appelle le Cuanza. C'est un fleuve qui a donné son nom au kwanza, la monnaie de l'Angola.
C'est aussi le nom de deux régions du pays situées de part et d'autre du fleuve, le Kwanza-Nord et le Kwanza-Sud.

L'Angola a été ravagé par une terrible guerre civile entre 1975 et 2002 faisant plus de 500 000 victimes. Mais les animaux n'ont pas été épargnés par ces vingt-cinq années de guerre.
Avec le retour de la paix, les réserves naturelles ont été repeuplées. En 2003, l'opération Arche de Noé a transféré du Bostwana par bateaux militaires 200 éléphants, des gnous, des zèbres, des girafes et de nombreuses antilopes provenant d'un parc de loisirs pour être relâchés dans le très ancien – il date de 1938 – parc de Quiçama. La population est venue les accueillir.

BILLET DE 10 KWANZAS
Regardez ces deux antilopes...
Il y a seulement dix ans, elles avaient totalement disparu d'Angola... Les revoilà pour le plus grand bonheur de la population qui peut aussi les admirer sur ses billets de banque.

BILLET DE 1 KWANZA
Avant la guerre, il y avait en Angola des milliers d'hectares de coton. Peu à peu, la population reprend une vie normale et replante...
Ici, un champ de coton.

MOZAMBIQUE

Une graine pour peser l'or !

Comme l'Angola, le Mozambique fut une ancienne colonie portugaise à partir de 1498, date à laquelle le navigateur portugais Vasco de Gama arriva sur ses côtes.

Peu de temps après, les Portugais y installèrent des comptoirs commerciaux. Mais depuis le Moyen Âge, les habitants de l'actuel Mozambique réalisaient déjà de nombreux échanges commerciaux avec des commerçants arabes.

D'ailleurs le nom de la monnaie du pays, le métical, vient de cette époque. Il s'agit d'un dérivé du mot arabe *Mitikal*, une petite graine pesant entre 3 et 5 grammes qui servait de mesure pour peser l'or.

Le Mozambique est l'un des pays les plus pauvres au monde et, en fin de mois, des files interminables se pressent devant les distributeurs pour retirer leurs salaires.

LE BILLET DE 10 000 METICALS
L'essentiel de l'économie du pays repose sur l'agriculture et la culture de coton et de sucre.

LE BILLET DE 500 METICALS
Il existe au Mozambique une très vieille tradition préservée par une ethnie qui vit dans le sud du pays, les Chopi. Ils sont réputés depuis des siècles pour leurs orchestres de xylophones (timbila). Ces musiciens jouent lors des mariages, mais surtout lors des cérémonies en l'honneur des ancêtres.

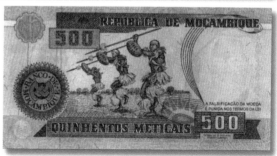

LE METICAL

ZAMBIE

C'est le pays des chutes d'eau et des réserves d'eau spectaculaires. Les chutes Victoria sont connues dans le monde entier.

Les 2 kilomètres de large du fleuve Zambèze se précipitent à cet endroit dans des gorges, en formant l'une des cascades les plus fantastiques du monde. Le parc animalier de Luangwa, quant à lui, est l'un des plus grands sanctuaires de la faune dans le monde : léopards, lions, buffles et éléphants ainsi que des oiseaux à profusion évoluent en toute liberté sur un territoire de plus de 9000 km².

Lions, léopards, éléphants, buffles ou porcs-épics, les billets de kwacha de Zambie illustrent l'extraordinaire faune de ce pays d'Afrique centrale...

Les chutes Victoria sont sans doute les plus belles du monde... Regardez comme elles sont grandioses sur le billet de 100 kwacha violet.

MALAWI

Comme de véritables esclaves !

Au Malawi, c'est un héros...
Le révérend John Chilembwe (1860-1915) apparaît sur tous les billets de kwacha du Malawi.

En 1912, il crée sept écoles pour éduquer les enfants et les adultes illettrés.
Il va aussi organiser la résistance des ouvriers exploités par les riches propriétaires de plantation. Battus, rarement payés, sous-alimentés... Ils vivaient comme de véritables esclaves.

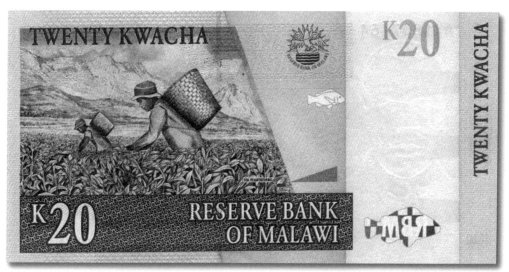

Dans les plantations du Malawi, les ouvriers étaient souvent exploités... ici sur le billet de 20 kwacha, des planteurs de thé coupent les feuilles.

BILLET DE 5 KWACHA
John Chilembwe apparaît sur tous les billets de kwacha. Il s'agit d'un véritable héros national. Il a créé des écoles de brousse pour les paysans pauvres, enfants mais aussi des adultes.

LE PULA

BOTSWANA

Avec leurs grandes cornes,
les antilopes arpentent la savane du
Botswana. On peut aussi les admirer
sur les billets de 5 pula, un mot
tswana qui veut dire « pluie ».

Les zèbres quant à eux, qui peuplent les réserves du pays, vont boire au marigot sur
les billets de 200 pula. Le Botswana est
peuplé de grands animaux. On peut y croi-
ser des lions, des guépards, des éléphants
et des hippopotames. C'est aussi un paradis pour les oiseaux, en particulier dans le
delta de l'Okavango qui a inspiré le billet
de 50 pula. Il en héberge plus de 600 espèces.

Le delta de l'Okavango est l'un des plus grands sanctuaires d'oiseaux du monde. Et les zèbres y sont des milliers à courir dans la savane...

ZIMBABWE

Un équilibre instable !

Jusqu'en 2009, on les retrouvait sur tous les billets du Zimbabwe. Ce sont les rochers de granit en équilibre de Chiremba.

Il aura fallu des millions d'années pour que ces formations granitiques prennent cette position incroyable, des rochers empilés les uns sur les autres. On peut les admirer à quelques kilomètres de Hararé, la capitale du pays. Curiosité locale, elles sont aussi connues dans le monde entier. Mais après une grave crise financière, le Zimbabwe a abandonné sa monnaie locale pour adopter le dollar américain.

AFRIQUE DU SUD

Les « Big Five »

On les appelle les « Big Five ».
Ce sont les cinq grands mammifères craints et respectés par les chasseurs de fauves d'autrefois. Aujourd'hui les touristes ont troqué leurs fusils pour des appareils numériques.

Mais les amateurs de safaris-photos viennent toujours jusqu'en Afrique du Sud pour tenter de les apercevoir dans le célèbre parc Kruger.
On peut aussi les retrouver sur les billets en rand Sud-africains. Le rhinocéros (10 rand), l'éléphant (20 rand), le lion (50 rand), le buffle (100 rand) et le léopard (200 rand). Mais les animaux plus fragiles n'ont pas été oubliés de la monnaie sud-africaine. Ils figurent sur les pièces : le springbok, une antilope (1 rand), le koudou (2 rand) ou le gnou (5 rand).

ONE HUNDRED RAND
EC0719608 D
SOUTH AFRICAN RESE VE BANK
EEN HONDERD RAND
100
President
Governor
SUID-AFRIKAANSE RESERWEBANK
EC0719608 D

NAMIBIE

Le pays des gazelles

Ce pays est le royaume
des gazelles et autres bêtes
à cornes.
Il en existe des dizaines
d'espèces... Retrouvez-en
quelques-unes sur les billets
en dollars namibiens...

En Namibie, les antilopes sont comme
des reines bondissant dans les vastes
étendues sauvages du pays.
Ce sont elles qui tiennent l'écusson
des armoiries du pays et qui trônent
sur les billets en dollars namibiens.

Le koudou est fier
et majestueux avec
ses longues cornes
dressées bien droites
sur sa tête.
Ici sur le billet de
50 dollars namibiens.

Le springbok est une petite
antilope de 90 centimètres de haut
qui est très habile lorsqu'il s'agit
de sauter. Il est capable de faire des
bondsde 7 mètres de long en
s'élevant à 2 mètres de hauteur.

L'oryx est particulièrement
adapté à la vie désertique...
Il est capable de se passer d'eau
durant presque un an.
Il passe ses journées allongé
à l'ombre d'un arbre,
ne consentant à s'activer
qu'à la tombée de la nuit...

L'antilope des prairies
vit dans la savane.
La voilà sur le billet
de 200 dollars namibiens.

LE LOTI

LESOTHO

Moshoeshoe I

Le royaume du Lesotho est un pays d'Afrique australe, au cœur de l'Afrique du Sud. Il s'agit de l'ancienne région du Basutoland devenue indépendante en 1966. Pendant longtemps, le Lesotho a utilisé la monnaie d'Afrique du Sud, le rand. Mais en 1980, le pays se dote de sa propre monnaie : le loti.

Son effigie illustre tous les billets. Il faut dire qu'il s'agit d'un sacré personnage. Il a vécu 80 ans... Un âge très avancé pour l'époque et plus encore dans un pays africain où l'espérance de vie dépassait rarement 35 ans. Le chef des Sotho est né en 1790... Très jeune, ses qualités de chef sont remarquées. Selon la coutume, il aurait rendu visite au grand sage Mohlomi pour apprendre comment devenir un grand chef.

Ce dernier lui aurait conseillé de faire preuve de douceur et de bienveillance. En 1809, il prend le nom de Moshoeshoe I, un nom qui évoque le bruit des machettes qu'il utilisait lors de ses batailles. Indomptable guerrier, Moshoeshoe va voir son prestige grandir. Il va unifier de nombreuses petites tribus jusqu'à former la nation Sotho.

Moshoeshoe I est sur tous les billets de loti (ici, le billet de 50 loti). Ce farouche guerrier a réussi à unifier toutes les tribus Sotho, les futurs habitants du Lesotho, le pays des Sotho.

LE LILANGENI

SWAZILAND

Un monarque absolu

Avec les « tata sombas » au Bénin, le Swaziland, le plus petit des pays de l'hémisphère Sud, est l'un des derniers pays d'Afrique où l'on peut encore voir des huttes traditionnelles.

Elles sont fabriquées avec des branches en arceaux sur lesquels repose une couche de chaume puis un isolant et enfin une autre couche de chaume. Chaque village Swazi (voir ci-contre le billet de 200 lilangeni) est constitué de plusieurs huttes. Celle du chef, puis les cases de ses nombreuses femmes. Jusqu'à 14 ans, les filles et les garçons ont des huttes collectives mais elles ne sont pas mixtes. Ensuite, chacun construit sa hutte avec l'aide des gens du village. Au recto du billet de 200 lilangeni, on peut voir portrait du roi du Swaziland, Mswati III, 67e fils du roi Sobkuza II.

Il a succédé à son père en 1986 à l'âge de 14 ans. En attendant sa majorité, et pendant que le prince poursuivait ses études, c'est sa mère Ntombi, appelée la Grande Éléphante Ndlovukasi qui assure la ré-

gence. Il est couronné le 25 avril 1986. C'est le dernier monarque absolu d'Afrique. C'est-à-dire qu'il a tous les pouvoirs sur son pays et sur son peuple. Alors que son pays est le plus pauvre du monde et que la moitié est infectée par le virus du sida, ce roi vit luxueusement. Il possède une vingtaine d'épouses, autant de palais et des voitures prestigieuses.

MADAGASCAR

« Made in Madagascar »

Sur les billets figurent des éléments de la culture malgache. Le culte des ancêtres est sacré dans toute l'île de Madagascar. Pour leur rendre hommage, les Malgaches érigent des tombes formées d'amas de pierre.

Les Malgaches y plantent des poteaux sculptés, les aloalo. Sur un tombeau on peut trouver plusieurs aloalo. Ils témoignent de la richesse de la personne décédée. Lorsque le défunt possédait des troupeaux, ses aloalo sont surmontés de cornes de zébus. Madagascar est aussi connue pour ses lémuriens, ces petits animaux à l'épaisse fourrure, aux longs doigts et qui ressemblent à des singes. Mais la plus grande curiosité de Madagascar est peut-être le baobab appelé *reniala*, la « mère de la forêt », en malgache. Sur les huit espèces de baobabs présents sur la planète, six ne poussent que sur l'île, dans de véritables forêts.

LE BILLET DE 1 000 ARIARY présente des lémuriens (appelés également makis) dont la particularité est de n'exister, à l'état sauvage, que sur l'île de Madagascar.

A0872231M   ROA ARIVO   ARIARY 2000   10 000 FRANCS

2000 ARIARY 10 000 FRANCS   BANKY FOIBEN'I MADAGASIKARA

GOUVERNEUR

A0872231M

2000

LE BILLET DE 2 000 ARIARY propose un baobab. Sur huit sortes de baobabs existant dans le monde, six ne poussent que sur Madagascar.

ÎLE MAURICE

La monnaie de l'île Maurice est la roupie, comme en Inde... Ce n'est pas un hasard. L'Inde est située juste en face de cette île de l'océan Indien, et depuis des siècles, les Indiens y immigrent en masse.

Ils ont donc importé leur monnaie. L'île Maurice est la destination touristique par excellence... Les vacanciers y viennent du monde entier pour goûter à ses plages de rêve et... faire du shopping. C'est à l'île Maurice, en effet, que sont fabriqués de nombreux vêtements de grandes marques, vendus là-bas à prix coûtant, c'est-à-dire très peu cher. Les billets en roupies présentent les lieux où l'on peut faire des emplettes sur l'île. Le Caudan Waterfront (front de mer) avec ses tourelles et ses arcades est dans la capitale de Port-Louis, un lieu de promenade incontournable situé sur les anciens quais du Port-Louis. Avec une soixantaine de boutiques, ses magasins d'usine et son marché artisanal, c'est le lieu préféré des fous de mode.

Le Caudan Waterfront est l'endroit préféré des fous de shopping. On y trouve les magasins d'usine qui font la joie des touristes.

À l'île Maurice, il y a aussi de nombreux petits marchés traditionnels où l'on peut trouver des fruits exotiques comme des mangues.

SEYCHELLES

Il existe aux Seychelles des espèces d'animaux et de fleurs uniques au monde... Ici le drôle de poisson lion avec ses épines qui ressemblent à une crinière... et une fleur de gardénia. Là-bas on l'appelle « le bois citron ».

115 îles disséminées dans l'océan Indien, des paysages paradisiaques.

Les Seychelles sont un véritable musée naturel vivant et un sanctuaire pour des espèces de faune et de flore uniques au monde. La moitié de son territoire est consacré aux parcs nationaux. Tortues de mer et de terre gigantesques, cocos de mer ou pies chanteuses... Les billets en roupies des Seychelles sont un véritable bestiaire des animaux qui vivent dans ces îles.

Le coco de mer, les sternes et les tortues de mer.

Aux Seychelles, des centaines d'espèces de poissons peuplent les fonds turquoise...

한국은행

오만원

한국은행 총재

5

신사임당 1504-1551

BD 0486214 B

TURQUIE

Le visage du progrès

Tous les côtés face des billets en livres turques représentent Mustafa Kemal (1881-1938). Le « Victorieux », comme il fut surnommé, est le fondateur et le premier président de la République turque.

S'inspirant des principes de la Révolution française, il met fin au règne des sultans qui dirigeaient l'Empire ottoman depuis des siècles. Il crée un État laïque et, très progressiste, donne le droit de vote aux femmes dès... 1919, alors que les Françaises devront, elles, attendre 1945 pour pouvoir se rendre aux urnes.
En 1934, l'Assemblée lui donne le nom d'Ataturk, « le père des Turcs ».
Au verso de ses billets, la Turquie présente deux des plus célèbres sites touristiques du pays. La Cappadoce est une région située sur des hauts plateaux à plus de 1000 mètres d'altitude. Les paysages y sont lunaires, faits de grottes et de canyons forgés au fil du temps par les forces de la nature : eau, gel, vent. Les plus grandes curiosités de la région sont les cônes érigés vers le ciel chapeautés d'une pierre plate et qui peuvent atteindre 15 à 30 mètres de haut. Les Turcs les appellent « les cheminées des fées ». Et c'est vrai que ces amas rocheux que l'on peut voir sur les billets de 50 livres turques ressemblent un peu à des chapeaux de fées. Au temps de sa splendeur, Éphèse fut une ville aussi remarquable que Rome. Le site archéologique d'Éphèse abrite en son sein l'une des Sept Merveilles du monde : le temple d'Artémis, dédié à la déesse grecque de la Chasse. C'est à Éphèse qu'Héraclite, célèbre philosophe grec, naquit. C'est ici également que la Vierge Marie termina sa vie en compagnie de l'apôtre Jean qui y écrivit son Évangile. C'est lors de fouilles sous ce temple que des archéologues découvrirent des pièces de monnaie considérées aujourd'hui comme les plus anciennes ayant jamais existé. Frappées d'une seule face, elles sont en électrum, un alliage d'or et d'argent, et représentent des animaux.

LE BILLET DE 50 LIVRES TURQUES
Mustafa Kemal,
l'Ataturk, le « père des Turcs ».

LE BILLET DE 50 LIVRES TURQUES

Le temps se compte en milliers d'années pour que se fabrique une cheminée de fée. Une grosse pierre plate, lourde et en granit est posée sur un sol calcaire... La pluie, le vent, le gel et le soleil usent le calcaire qui est autour de la pierre, mais pas celui qui est sous elle. Elle le protège. Petit à petit, le calcaire qui est autour de la pierre s'use et est emporté par la pluie et le vent.

Quelques milliers d'années plus tard, on a ainsi l'impression que la pierre s'est soulevée alors que c'est le sol, autour d'elle, qui s'est usé.

Monnaie lydienne en électrum, frappée d'une tête de lion et de taureau (VIe siècle avant notre ère).

LE BILLET DE 20 LIVRES TURQUES

Le temple d'Artémis à Éphèse est l'une des Sept Merveilles du monde, c'est-à-dire l'une des œuvres architecturales et artistiques considérées par les Grecs et les Romains comme parfaites.

GÉORGIE

« Trésor »... Quel plus beau nom pour une monnaie ? Et c'est celui qu'ont choisi les Géorgiens.

Le lari est divisé en 100 tetri (un mot qui veut dire « blanc » et désignait, déjà au XIIIᵉ siècle, les pièces d'argent). Pendant toute la domination soviétique, la Géorgie, comme toutes les républiques soviétiques unies (URSS), a utilisé le rouble. Depuis l'effondrement des régimes communistes et l'indépendance de la Géorgie en 1993, le jeune État a renoué avec cette monnaie vieille de plusieurs siècles.

LES PIÈCES DE TÉTRI représentent un borjgali, un moulin à sept ailes qui est en Géorgie un symbole très ancien du soleil. Il est installé sur un arbre de vie chrétien, une forme qui ressemble à un chandelier. L'arbre de vie se retrouve dans toutes les cultures, chrétiennes mais aussi indiennes et sud-américaines. Il évoque le mystère de la vie et sa victoire sur la mort.

AZERBAÏDJAN

Une impression de déjà-vu ?
Et vous avez raison...
Les billets en manat, la monnaie d'Azerbaïdjan, doivent leur graphisme à l'Autrichien Robert Kalina, un des dessinateurs de l'euro. Ils représentent la carte du pays.

ARMÉNIE

Bienvenue en Arménie, le pays des montagnes ! Près de 90 % du pays dépasse les 1000 mètres d'altitude. Parmi ses sommets, le mont Ararat (qui se trouve aujourd'hui en Turquie), qui est cité dans le livre de la Genèse.

C'est sur cette montagne que se serait posée l'arche de Noé avec tous ses animaux après le Déluge. On trouve aussi le mont Aragats, un volcan aux paysages à couper le souffle situé à 40 kilomètres au nord-ouest de la capitale du pays, Erevan. Ses pentes vertigineuses abritent l'observatoire de Biourakan que l'on peut retrouver sur le billet de 100 drams. Sur la monnaie arménienne, les montagnes sont omniprésentes. Elles sont vraiment le symbole du pays.

L'Arménie est le pays des montagnes. Elles sont partout et même sur les billets en drams, la monnaie du pays.

Sur le billet de 50 drams, un couple de danseurs évolue devant des sommets enneigés.

LE SHEKEL

LE NEW SHEKEL

ISRAËL

Les grandes figures juives

À l'époque de Jésus-Christ, le peuple juif vit sous domination romaine. Et ce sont les deniers d'argent romains qui circulent en Judée. Sous le régime de Ponce Pilate (entre 26 et 36) – l'empereur qui fit crucifier Jésus-Christ – ces pièces portaient volontairement des symboles religieux romains, une façon de signifier aux Hébreux qu'ils n'étaient pas maîtres chez eux. En signe de résistance, ces derniers créèrent de la monnaie dans leur langue.

L'Ancien Testament (la Bible hébraïque) en témoigne. Les Juifs utilisaient comme moyen de paiement des petits morceaux d'argent de même poids. En hébreu, *chequel* signifie « poids ». Au fil des siècles, le mot s'est transformé en « shekel », le nom de la monnaie actuelle d'Israël. Celle-ci rend hommage aux grand personnages du monde juif. Parmi eux, Moïse

Maïmonide a été choisi pour illustrer le billet de 1 shekel.
Ce rabbin, médecin, philosophe et juge, est né à Cordoue (dans la région d'Andalousie en Espagne) au XIIᵉ siècle. Célèbre dans le monde entier, il fut, bien que juif, médecin de l'illustre chef musulman Saladin. Le roi anglais Richard Cœur de Lion souhaita, lui aussi, le faire

venir à sa cour mais Maïmonide déclina l'invitation. Mais c'est une femme qui apparaît sur le billet de 10 shekalim… Golda Meir. Elle a participé à la création de l'État d'Israël en 1948. Elle fut la première femme à accéder au poste de Premier ministre en Israël et la troisième femme dans le monde à ce niveau de responsabilité.

Maïmonide, philosophe et médecin juif,
fut l'un des hommes les plus célèbres de son temps.

LIBAN

Liban et Syrie
font livre commune.

Le Liban et la Syrie sont deux pays voisins. Ils utilisent tous les deux la livre (*pound* en anglais). Jusqu'à la Première Guerre mondiale, la lire ottomane était la monnaie du Liban. Après la chute de l'Empire ottoman, en 1918, la livre syrienne devient commune aux deux États jusqu'en 1939, date à laquelle le Liban émet sa propre monnaie.
Le cèdre est le symbole du Liban. Il est l'emblème du drapeau national et apparaît en bonne place sur tous les billets libanais. Pendant des siècles, cet arbre majestueux couvrait les montagnes du pays.

Il ne reste malheureusement plus au Liban que deux forêts dans lesquelles on

peut trouver des cèdres.
L'une des deux est celle que l'on appelle « la forêt de Dieu ». Certains cèdres existent depuis plus de 1000 ans. Deux d'entre eux auraient même 3000 ans. Ces arbres sont très prisés car leur bois est précieux.
Les billets libanais sont imprimés en deux langues, l'arabe et le français, afin que leurs inscriptions soient aussi compréhensibles par les communautés chrétiennes parlant français que par les communautés musulmanes qui utilisent l'arabe.
Si la livre libanaise est la monnaie légale du pays, le dollar américain est accepté partout. Il est vraiment considéré comme la deuxième monnaie.

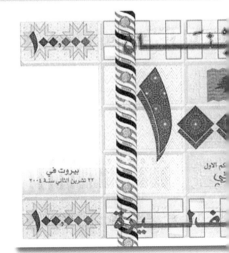

SYRIE

En 1193, le célébrissime sultan Saladin meurt à Damas. Il a 55 ans. C'est le début d'une légende qui va en faire le personnage historique le plus vénéré du monde arabe.

Durant les croisades, il va mener ses troupes contre les croisés catholiques et va reconquérir la ville de Jérusalem près d'un siècle après son annexion par les chrétiens en 1099. Saladin est bien évidemment le héros de la livre syrienne. Sur le billet de 25 livres syriennes il pose devant le Krak des Chevaliers. Ce château fort, situé dans le désert syrien, magnifiquement conservé, était une place forte des chrétiens sur la route des croisades.

Les billets en livres libanaises sont écrits en deux langues : le français et l'arabe afin d'être lisibles aussi bien par les communautés chrétiennes que musulmanes.

Saladin, le héros mythique des Arabes, a vaincu les chrétiens à Jérusalem. Ceux-ci avaient fait du Krak des Chevaliers une forteresse.

IRAK

Un dictateur déchu !

Pendant des années (de 1979 à 2003), le dictateur Saddam Hussein a régné sur l'Irak. Et presque tous les billets du pays étaient à son effigie. Il est renversé par les États-Unis en 2003 et le nouveau gouvernement décide promptement de faire changer tous les billets du pays.

Pas une mince affaire. Dans un pays en guerre, les Irakiens ont eu seulement quatre mois entre le 15 octobre 2003 et janvier 2004 pour changer leurs billets à la Banque nationale. Les nouveaux dinars irakiens sont imprimés avec les technologies les plus modernes contre la falsification. Les mesures de sécurité sont similaires à celles utilisées pour l'euro et sont parmi les plus sûres du monde.

Voilà à quoi ressemblait le premier dinar en or utilisé au VIIe siècle dans tout le monde arabe. Les Irakiens l'ont reproduit aujourd'hui sur leur billet de 1000 dinars. Un hommage de la monnaie d'aujourd'hui à celle d'autrefois.

Un dinar en or !

Le dinar est la monnaie la plus utilisée dans les pays arabes. Comme les pays du Maghreb (Algérie, Tunisie et Libye), l'Irak, la Jordanie, le Koweït et Bahrein ont choisi le dinar comme monnaie nationale.

Mis au point par des savants irakiens au IXe siècle, l'astrolabe reproduisait à plat la sphère céleste. Il permettait de prévoir le cheminement des astres et de réaliser des calculs mathématiques très sophistiqués.

JORDANIE

Des billets à l'œil !

Ce n'est pas de la science-fiction... La Banque du Caire à Amman est la première au monde à utiliser des caméras à reconnaissance d'iris. En entrant dans la banque, chaque client sera immédiatement identifié par un simple regard porté vers une caméra.

Ce système devrait permettre une meilleure sécurité dans les agences bancaires. Pourquoi en Jordanie, ce petit pays au milieu du désert ? Parce qu'il est situé dans une région très instable politiquement, où les conflits entre l'État d'Israël et les pays arabes sont constants, et dans laquelle les organisations terroristes sont nombreuses.

Pour retirer ces dinars de la banque, les Jordaniens devront se soumettre à un système de reconnaissance de l'iris de l'œil bientôt installé dans de nombreuses agences bancaires. Il s'agit du portrait du roi Abdullah II, qui règne sur la Jordanie depuis 1999, date à laquelle il a succédé à son père, le roi Hussein.

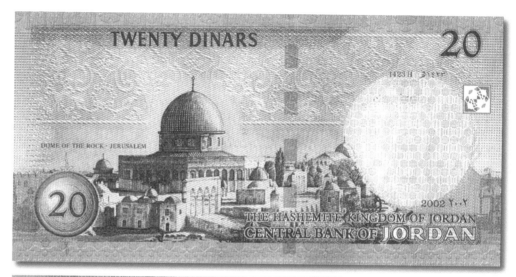

LA COUPOLE DU ROCHER est un sanctuaire érigé à la fin du VIIe siècle par le calife Abd al-Malik ben Marwan à Jérusalem, sur l'Esplanade des Mosquées, et qui est destiné à abriter le « Rocher de la Fondation ».

KOWEÏT

Son nom, « Koweït », signifie « la forteresse construite près de la mer ». Sur tous les billets en dinars koweïtiens sont dessinées les armoiries du Koweit. Il s'agit d'un faucon avec les ailes étendues portant un bateau flottant sur une mer bleue.

Le pétrole fait la fortune de ce pays. Ici, une raffinerie de pétrole sur le billet de 5 dinars.

La pièce de monnaie du Koweït représente toujours la même barque traditionnelle.

On retrouve les armoiries du pays sur tous les billets du Koweït. Ici sur le billet de 1 dinar avec une lampe à pétrole traditionnelle koweïtienne.

BAHREÏN

Une prouesse architecturale !

Le Bahreïn, comme la plupart des puissances pétrolières, n'a pas peur de la démesure. Pour relier ce pays à l'Arabie saoudite, les Bahreïniens ont construit un pont gigantesque : la chaussée du roi Fahd... du nom du monarque qui régna en Arabie saoudite de 1982 à 2005. Longue de 25 kilomètres et inaugurée en 1986, cette prouesse architecturale est l'un des ouvrages les plus coûteux jamais construits au monde.

La chaussée du roi Fahd relie Bahreïn à l'Arabie saoudite en traversant l'île Umn an Nasan qui appartient au roi du Bahreïn. Un ouvrage gigantesque que l'on peut voir sur le billet de 10 dinars.
.

IRAN

ARABIE SAOUDITE

QATAR

La Kaaba de La Mecque

Le rial est la monnaie de cinq pays musulmans du Moyen-Orient. Accordant beaucoup d'importance à la religion, ces États ont choisi pour leurs billets de mettre en lumière les monuments qui célèbrent l'islam. Parmi eux, le plus célèbre, la Kaaba de La Mecque.

La Mecque, située dans l'ouest de l'Arabie Saoudite, est la cité sacrée de l'islam. Tout bon musulman doit effectuer au moins une fois dans sa vie un pèlerinage dans cette ville sainte.
C'est autour de la Kaaba, une construction en forme de cube, construite dans l'enceinte de la Masjid al-Haram, que les pèlerins effectuent les sept tours imposés par la religion.

La Kaaba de La Mecque sur le billet de 2000 rials iraniens.

Le verso de ce billet de 500 riyals saoudiens propose une vue générale de la mosquée sacrée de La Mecque Masjid al-Haram. Dans le fond, au milieu de l'édifice, on distingue la silhouette caractéristique de la Kaaba.

SULTANAT D'OMAN

YÉMEN

Le roi d'Arabie saoudite
Abdallah Ben Abdelaziz et la Kaaba
sur le billet de 500 riyals saoudiens.

LE RIAL

IRAN

ARABIE SAOUDITE

QATAR

Le sultanat d'Oman et le Yémen ont choisi de présenter sur leurs billets deux mosquées. Comme les églises pour les catholiques, ou les synagogues pour les juifs, les mosquées sont les édifices dans lesquels les musulmans se retrouvent pour prier.

Elles sont entourées d'une ou plusieurs tours : les minarets. Leur nombre est limité à six pour ne pas dépasser les sept sommets de la mosquée de La Mecque. Leur toit est la plupart du temps en forme de dôme.

C'est du haut du minaret que le muezzin (un crieur) appelle à la prière.
Où qu'ils soient dans le monde, les fidèles prient en direction de La Mecque.
Celle-ci symbolise l'unité des musulmans qui, aussi divers soient-ils, vénèrent un Dieu unique, Allah.

Haut de 50 mètres, le minaret de la mosquée Al-Muhdar à Tarim, au Yémen, est représenté sur le billet de 500 rials.

Le minaret d'une mosquée dans le sultanat d'Oman sur le billet de 1 rial.

SULTANAT D'OMAN

YÉMEN

Jusqu'en 1959, le Qatar a utilisé
la roupie indienne comme monnaie.
En 1959, la Reserve Bank of India
a émis la roupie du Golfe mais le
Qatar n'adopte pas cette monnaie
et lui préfère le riyal saoudien.

En 1968, le rial de Dubai et du Qatar
est mis en circulation. Après l'adhésion de
Dubai aux Émirats arabes unis, le Qatar
émet son propre riyal.
Ses billets en riyals sont de toute beauté
et mettent en valeur les ressources
du pays dans de splendides camaïeux
de couleurs.

OUZBÉKISTAN

Une escale légendaire

Au XIVᵉ siècle, sous le règne de l'empereur Tamerlan, la ville de Samarkand, carrefour de l'Orient et de l'Occident, fut une escale légendaire sur la Route de la Soie. De sublimes monuments y furent édifiés : des mosquées et des palais des Mille et Une Nuits, des mausolées somptueux décorés d'or.

Les plus grands artisans, philosophes, poètes et médecins du monde s'y retrouvaient. Les soums, les billets ouzbeks illustrent aujourd'hui certains des plus beaux monuments de Samarkand comme l'esplanade du Régistan. Encadrée par trois medersa – ou écoles coraniques – recouvertes de céramiques étincelantes, elle était autrefois le centre des activités commerciales de la ville. On y trouvait un caravansérail et un immense marché couvert. L'imposante mosquée de Bibi Khanoum, au nord du Régistan, porte le nom de l'épouse de Tamerlan. Elle est ornée de milliers de pierres précieuses provenant du butin des campagnes militaires de Tamerlan en Inde. Selon la légende, l'architecte chargé de la construction de la mosquée serait tombé amoureux de la belle Bibi Khanoum, dont il aurait obtenu un baiser. Lorsque Tamerlan l'apprit, il fit mettre à mort l'architecte et précipita sa bien-aimée du haut du minaret.

LE BILLET DE 30 SOUMS
L'esplanade du Régistan encadrée par ses trois medersa

TURKMÉNISTAN

Le cheval d'or !

L'akhal-teke est un symbole au Turkménistan. Cette race de cheval très pure, vieille de plus de 3000 ans, originaire d'Asie centrale, est élevée par la tribu des Tekes. Très rapide, il est aussi extrêmement endurant, robuste et sobre.

Il faut dire que dans le désert les journées sont torrides et les nuits glaciales... On le connaît également sous le nom de « cheval d'or », en raison de sa robe aux reflets parfois dorés. Les Turkmènes ont choisi l'akhal-teke comme blason du pays. Ils l'ont aussi représenté sur les billets de 50 manat, un terme emprunté au mot russe *Moneta* qui signifie « pièce de monnaie ».

Le palais de Turkmenbashi, « le père des Turkmènes ».

KAZAKHSTAN

Esprit libre et indépendant

Chevauchant les montagnes où vit la panthère des neiges, à travers les steppes et la taïga, les Kazakhs (ancien mot turc qui signifie « esprit libre et indépendant ») méritent bien leur nom.

Ces nomades éleveurs de bétail sont depuis toujours férus d'équitation et de chasse qu'ils pratiquaient à l'aide d'oiseaux de proie.
Ils se passionnent pour les courses hippiques et cet amour des chevaux se retrouve jusque sur les billets en Tenge.

Il y en a peu dans le monde. La panthère des neiges vit dans les montagnes du Kazakhstan et ici sur les billets de 10 000 tenge.

Les cavaliers kazakhs sont connus dans le monde entier... Enfants, ils reçoivent un cheval et apprennent à monter à l'âge où on commence à peine à marcher.

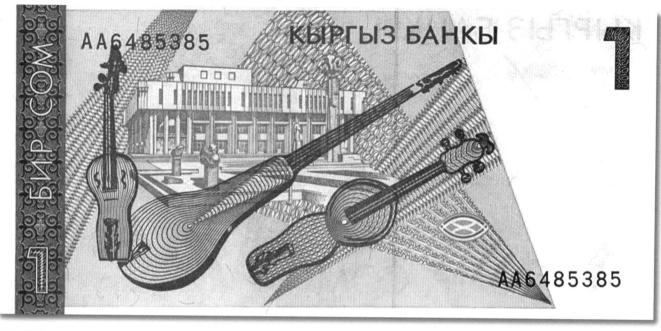

БИР СОМ

AA 6485385

КЫРГЫЗ БАНКЫ

1

1

AA 6485385

Le komuz et le kyl-kyyak sont des instruments sacrés.

KIRGHIZISTAN

Musique sacrée !

Dans les pays d'Asie centrale, les nomades ont toujours aimé la musique.

Ils en jouent sur des instruments comme le komuz (luth) dont les cordes sont en crin de cheval ou le kyl-kyyak, vièle en noyer ou en bouleau d'une seule pièce mesurant plus de 70 centimètres.

Par le passé, ces instruments étaient sacrés et magiques. Les musiciens chamans les utilisaient pour communiquer avec les esprits. Ils servaient aussi à repousser la mort en la charmant afin qu'elle ne puisse pas venir les prendre. Aujourd'hui encore, la musique reste un art majeur en Asie centrale et le billet de 1 som vous la fait découvrir.

AFGHANISTAN

L'AFGHANI

La baraka !

Mazar-e Charif (le tombeau du prince) est une magnifique mosquée à carreaux bleu turquoise vénérée par les Afghans. Chaque 21 mars, des foules de personnes accourent de tout le pays pour assister à la « fête de l'élévation du mât ».

Un drapeau est hissé en haut de la mosquée. Pour les pèlerins, toucher ce drapeau apporte la baraka, la chance. Pour ceux qui n'ont pas la possibilité d'approcher le drapeau, il est possible de mettre un billet de 1000 afghanis dans la poche. La mosquée sacrée y est représentée.

Depuis 2004, l'Afghanistan a mis en circulation de nouvelles pièces. Celles-ci n'ont pas été fabriquées en Afghanistan mais en France par la Monnaie de Paris. Plus de 600 millions de pièces ont été livrées à Kaboul. Un magnifique trésor.

La Monnaie de Paris, c'est quoi ?

En France, c'est la Monnaie de Paris qui fabrique les pièces et les billets français. Parfois, certains pays étrangers comme l'Afghanistan lui demandent de fabriquer leur monnaie. Créée en 864, il s'agit de la plus vieille institution française. Elle emploie 500 personnes.

Les pièces de 1, 2 et 5 afghanis.

LE BILLET DE 20 SOMMONS
Avicenne,
le plus grand médecin
de tous les temps.

LE SOMONI

DC 4620138

БОНКИ МИЛЛИИ
ТОҶИКИСТОН

20

БИСТ СОМОНИ

20   1999

DC
4620138

TADJIKISTAN

Avicenne

Il fut le plus grand médecin de tous les temps. Ibn Sina (980-1037), connu en Occident sous le nom d'Avicenne, était aussi un immense philosophe et écrivain.

Il naquit près de Boukhara (Ouzbékistan) mais le Tadjikistan qu'il traversa souvent l'a adopté sur ses billets. Ayant guéri le prince de Boukhara d'une grave maladie, il fut autorisé à consulter la vaste bibliothèque du palais. À 18 ans, il maîtrisait toutes les sciences : philosophie, mathématiques, astrologie... Après la mort du prince, il voyage dans toute l'Asie centrale et jusqu'à Ispahan. Il jouissait d'une telle

réputation que plusieurs princes de l'Asie l'appelèrent à leur cour.

Précurseur, c'est à lui que l'on doit de savoir que le sang part du cœur pour aller aux poumons et en revenir. Il devina le premier que l'eau et l'air pouvaient contenir des organismes microscopiques qui pourraient être porteurs de maladies. Retrouvez-le sur le billet de 20 somoni, la monnaie du Tadjikistan.

INDE

Une roupie très puissante !

La roupie aussi appelée *rupee* ou *rupiän* est un terme dérivé du sanscrit (l'une des 22 langues utilisées en Inde) qui signifie « argent ».

Créée en Inde, elle est aujourd'hui l'unité monétaire de nombreux pays d'Asie et de l'océan Indien : le Pakistan, le Sri Lanka, l'Indonésie et le Népal, les Maldives ainsi que l'île Maurice et les Seychelles (voir chapitre Afrique). Dans l'histoire, cette monnaie fut très puissante jusqu'au XIXᵉ siècle. Puis, lorsque les économies les plus fortes dans le monde comme les États-Unis ont commencé à utiliser l'or comme référence monétaire, la devise de l'Inde a perdu énormément de sa valeur.

Symbole incontesté de l'histoire de l'Inde, le Mahatma Gandhi avait forcément sa place sur certains billets du pays.

Le Mahatma Gandhi

En Inde, les billets de 100 roupies sont les plus courants. Les pièces ne valent vraiment pas grand-chose mais font le bonheur des mendiants (très nombreux dans ce pays) et des dieux auxquels les Indiens font toujours des offrandes.

L'Inde ne pouvait pas ne pas rendre hommage à son plus grand personnage historique : le Mahatma Gandhi. Avec son crâne chauve et ses petites lunettes, le monde entier le connaît et le respecte. Ce partisan de la Résistance non violente a permis à l'Inde de se libérer des colons anglais en organisant des manifestations pacifistes comme des marches silencieuses. Ce grand sage, philosophe, ascète, vivait selon le principe de l'autosuffisance : il fabriquait lui-même ses vêtements et était végétarien. Considéré comme le « père de la nation » en Inde, Mahatma Gandhi fut assassiné le 30 janvier 1948 à New Delhi par un fanatique hindou.

Zéro roupie

C'est sans contexte le billet le plus original du monde. Son montant est de zéro roupie. Créé en Inde par une organisation humanitaire, il a été imprimé pour tenter de lutter contre la corruption omniprésente dans le pays. Chaque année, en effet, les Indiens sont obligés de verser des « pots-de-vin » ou des bakchichs à des fonctionnaires corrompus afin de bénéficier des services publics : obtenir un passeport, un permis de conduire, son extrait de naissance. Ce billet veut encourager les Indiens à combattre la corruption. Lorsqu'un fonctionnaire peu scrupuleux demande à un administré de l'argent en échange d'un service public, celle-ci peut lui donner un billet d'une valeur de zéro roupie. C'est, en quelque sorte, une façon de lui faire honte. Près d'un million de ces billets ont déjà été distribués.

On retrouve le visage souriant du Mahatma Gandhi reconnaissable à son crâne chauve et à ses petites lunettes sur les billets de 100 et 500 roupies.

UNIQUE AU MONDE
Un billet de valeur zéro dont la création tente de moraliser la société très corrompue de l'Inde.

LA ROUPIE PAKISTANAISE

PAKISTAN

Baba-e-Qaum

En 1947, grâce à Gandhi, l'Inde se voit accorder son indépendance par le gouvernement britannique. Mais un très grave conflit envenime les relations entre les hindous et les musulmans.

Ces derniers décident de faire sécession et créent un nouveau pays : le Pakistan. Son fondateur Muhammad Ali Jinnah, leader de la Ligue musulmane et connu sous le nom de Baba-e-Qaum (« le père de la nation »), est représenté sur le recto de presque tous les billets en roupies pakistanaises.

Le Pakistan a fait sécession avec l'Inde pour donner une nation aux musulmans de la région. Des mosquées présentes sur les billets de 500 et 5000 roupies pakistanaises témoignent des convictions religieuses du pays.

L'effigie de Muhammad Ali Jinna, « le père de la nation » pakistanaise, apparaît sur tous les billets en roupies pakistanaises. Ici, le billet de 20 roupies.

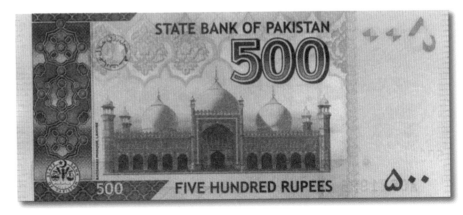

NÉPAL

Les hautes cimes !

Le Népal est un pays de l'Himalaya voisin de la Chine et de l'Inde. Il possède huit des dix plus hautes hautes montagnes du monde dont l'Everest.

Le Népal est réputé pour son tourisme de trekking (randonnées en montagne) et safaris... Sa faune des hautes cimes est impressionnante et spécifique. Retrouvez-la sur les billets en roupies népalaises.

Voilà sur le billet de 1 roupie un couple de chevrotains porte-musc. Comme son nom l'indique, il secrète du musc, une substance odorante très recherchée en parfumerie et pour laquelle il est traqué par les braconniers.

Lui aussi est protégé par ses poils... le yack est un ruminant à longue toison vivant dans l'Himalaya et pouvant escalader la montagne jusqu'à 5400 mètres d'altitude.

Il a de belles cornes et un col en fourrure pour se protéger du froid. Le tahr ou « caprin de l'Himalaya » est recouvert de longs poils sur toute la surface de son corps. Ici sur le billet de 50 roupies népalaises.

LA ROUPIE
SRI LANKAISE

SRI LANKA

Des démons facétieux... ou effrayants !

Ils sont parfois amusants, facétieux, parfois véritablement effrayants... Au Sri Lanka, on peut voir ces drôles de masques en bois de kaduru, sculptés par des artistes locaux un peu partout. Ils sont utilisés lors des fêtes, décorent les maisons, les salons... et le billet de 20 roupies.

Celui-ci s'appelle Garula, le « masque oiseau », destructeur de serpent. Glissez le billet dans votre poche ou dans votre porte-monnaie et vous voilà protégé de bien des malheurs.
18 masques sri-lankais représentent des démons qui ont le pouvoir de soigner à peu près toutes les maladies. Fièvre, mal à l'estomac, cécité ou furoncle, il suffit de faire une donation au démon compétent (quelques roupies feront l'affaire) pour

être rapidement sur pied.
Une autre curiosité du Sri Lanka illustre le billet de 500 roupies. Il s'agit du stūpa de Anuradhapura. Les stūpas sont des sortes de tumulus en forme de dôme contenant les restes d'un défunt. Ils contiennent parfois des reliques du Bouddha ou de saints hommes bouddhistes. Les fidèles viennent s'y recueillir en tournant autour du monument, en récitant des mantras (des sons répétés en boucle) et en faisant tourner un moulin à prières (espèce de boîte à musique qui émet des mantras).

Haut de 90 mètres, ce stūpa est le plus ancien (et aussi le plus petit) des trois édifices restant au monde. Il est entouré d'un mur à têtes d'éléphants, motif qui a ensuite été reproduit en Thaïlande, en Birmanie et dans d'autres pays orientaux où le bouddhisme s'est répandu grâce aux prêtres venus du Sri Lanka. Dans la salle du sanctuaire et dans la cour du stūpa, on peut admirer des images de Bouddha debout datant du VIIIe siècle.

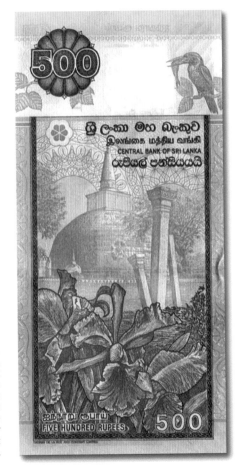

Au Sri Lanka, Garula représente un oiseau mythique, moitié humain mais possédant le bec d'un aigle. Il est vénéré comme destructeur de serpents.

INDONÉSIE

Orang-outans

Ce sont les mascottes de l'Indonésie. On ne les trouve nulle part ailleurs dans le monde. Les orangs-outans, ces grands singes qui par leurs comportements ressemblent tellement aux hommes peuplent encore les forêts de l'île de Sumatra même s'ils sont menacés par la déforestation. Sur les billets de 500 roupies, verts comme la forêt tropicale, un orang-outan se décontracte...

Non loin, sur l'île de Krakatoa, un terrible volcan menace. Le volcan Anak Krakatoa (le fils de Krakatoa) s'est formé le 26 août 1883 après l'explosion du Perbuatan, le principal volcan de l'île. Cette éruption volcanique restera comme la plus violente de toute l'histoire de l'humanité. En explosant, le volcan détruisit presque complètement l'île qui l'abritait. Il dégagea une énergie comparable à 13 000 fois celle émise par la bombe atomique de Hiroshima. Il détruisit 165 villages, fit plus de 36 000 morts.

Le bruit de son explosion se fit entendre jusqu'en... Australie, ce qui en fera le phénomène acoustique le plus important de l'histoire humaine. De nombreuses personnes devinrent sourdes sur un rayon de plusieurs kilomètres. L'éruption provoqua un raz-de-marée qui fit deux fois le tour de la planète, se faisant sentir jusqu'en Europe à 20 000 kilomètres de son lieu d'origine. On comprend pourquoi les Indonésiens sont traumatisés par ce monstre de feu... Et pourquoi ils ont choisi la couleur rouge sang pour le représenter sur les billets de 100 roupies.

LE BILLET DE 100 ROUPIES INDONÉSIENNES
Le Volcan Anak Krakatoa est responsable de l'éruption la plus terrible de l'histoire de l'humanité.

LES MALDIVES

Ohé, du bateau !

Sur les billets en roupies des Maldives : des bateaux, des bateaux et… encore des bateaux !

Dans cet archipel, situé à 500 kilomètres environ de l'Inde et du Sri Lanka, qui compte 1200 îles regroupées en atolls, séparées par des lagons paradisiaques, c'est, bien sûr, le principal moyen de transport des habitants et des touristes qui viennent du monde entier pour découvrir ces paysages de rêve. Allongés sur le sable, ils peuvent boire le jus des noix de coco qui tombent des palmiers et pratiquer la plongée dans les fonds turquoise les plus riches du monde en faune et en flore.

Les Maldives sont un vrai paradis… Plages de sable fin et lagons à perte de vue… Le bateau est le moyen idéal de visiter les criques de l'archipel. Ici les billets de 2,5 et 100 roupies.

BHOUTAN

Un roi simple

L'emblème royal entouré de deux dragons apparaît sur les billets en ngultrum.

Pour Jigme Singye Wangchuck, roi du Bouthan jusqu'en 2006, l'argent ne fait vraiment pas le bonheur. Et si tous les États du monde mesurent leur richesse avec un système qui s'appelle « le produit national brut »(le PNB) , la somme de tout ce que le pays a produit dans l'année, lui a inventé le BNB, « le bonheur national brut ».

Pour lui l'important n'est pas la richesse de son peuple mais de savoir s'il est heureux. Pas bête. Il a toujours veillé à ce que l'école et la santé soient gratuites et qu'on pré- serve la nature du pays. Les dragons sont le symbole du royaume du Bhoutan qui si- gnifie « terre du tonnerre et des dragons ». Ils apparaissent sur les billets en ngultrum. Les bijoux tenus dans leurs griffes vien- nent témoigner de la richesse et la perfection de ce pays situé à l'est de la chaîne de l'Himalaya. Ngultrum signifie « monnaie d'argent » : il vient de *ngul*, si- gnifiant « argent » (le métal) en *dzongkha* et *trum*, signifiant « monnaie ».

L'ancien roi du Bouthan.
Pour lui, la richesse ne fait pas le bonheur...
Refusant de vivre dans des palais somptueux,
il aimait travailler dans une cabane en bois.

BANGLADESH

Une des terres les plus fertiles au monde !

Grâce à Muhammad Yunus
et à sa Grameen Bank, des milliers
de petits commerçants, paysans,
artisans (en grande majorité des
femmes) ont pu bénéficier de prêts
en takas afin d'investir dans une
petite entreprise, alors que
les banques classiques refusaient
de leur avancer de l'argent et les
laissaient dans la misère.

Le Bangladesh est un pays très pauvre.
Il existe des pièces de 1, 2 et 5 takas
et des billets de 2, 5, 10, 20, 50, 100, 500
et (depuis peu) 1000 takas.
Le plus gros billet vaut donc environ
10 euros et il est très rarement utilisé
parce qu'il représente une fortune dans ce
pays où le salaire moyen est de 100 takas.
Un repas dans un restaurant local coûte
seulement quelques dizaines de takas et
un thé 4 takas.

LE BILLET DE 1 TAKA
Le nénuphar flottant sur l'eau est l'emblème national du Bangladesh.
Il symbolise les nombreuses rivières et le Gange,
fleuve sacré, qui traversent le pays et qui en font
l'une des terres les plus fertiles au monde.

CHINE

Presque jamais de pièces !

Le yuan (CNY) ou renminbi (la monnaie du peuple) est l'unité monétaire utilisée aujourd'hui en Chine. À l'origine, Yuan est le nom d'une dynastie mongole qui domina le continent chinois de 1279 à 1368. Depuis le XIXᵉ siècle, les Chinois l'adoptent comme nom pour leur monnaie officielle. Son symbole ¥ est également celui de la monnaie japonaise (le yen). Le yuan est utilisé par tous les peuples de la Chine, ainsi, on retrouve sur les billets des inscriptions dans chaque langue : le mandarin, le tibétain, le zhuang ou le mongol.

En 1295, après un long périple, le grand navigateur Marco Polo revient en Europe. Non seulement il aura découvert la Chine mais il aura travaillé plus de vingt ans à la cour de l'empereur.

De « l'Empire du milieu » il ramène de fabuleuses aventures qu'il raconte dans un livre, *Le devisement du monde*. Il rapporte aussi dans ses bagages le récit de ses découvertes, en particulier celle du papier-monnaie utilisé par les Chinois depuis le VIIᵉ siècle pour échanger des biens et des services. Cette « monnaie volante » comme l'appelaient les Chinois, parce que facilement transportable, était fabriquée en écorce de mûrier puis en soie. Trop en

avance sur son temps, personne ne croira le navigateur. Et pourtant, le premier billet fut bien utilisé en 1024 dans la province chinoise du Sichuan. Il n'arrivera en Europe que quatre siècles plus tard. La première monnaie chinoise remonte à plus de 3000 ans. Les habitants ramassaient de petits coquillages – les cauris – et s'en servaient pour payer des marchandises ou des services.

中国人民银行

20

JE08817715

20

贰拾圆

毛泽东1893-1976

¥

LE BILLET DE 5 YUAN
Parmi les cinq montagnes
sacrées de Chine, le Tai
Shan – le mont de l'Est –
est le plus vénéré car il
est associé à la naissance
et au renouveau.

Aujourd'hui, la monnaie de la Chine est le yuan. Mais il s'agit presque exclusivement de billets de banque. Les Chinois n'utilisent presque jamais de pièces.

Côté face, Mao Zedong, le célèbre fondateur de la République populaire de Chine est sur tous les billets (voir page précédente). Les versos représentent des paysages ou des lieux historiques symboliques de la Chine.
Sur les billets de 5 yuan apparaît le mont Tai Shan. Situé au sud de Pékin, il s'agit de l'un des cinq monts sacrés de Chine car c'est ici que les empereurs chinois venaient offrir leurs sacrifices à la terre et au ciel pour les remercier de leur clémence.
Le billet de 50 yuan représente Potala, l'ancien palais du dalaï-lama (le chef des Tibétains) dans la ville de Lhassa, au Tibet. Quant au billet de 1 yuan, le plus utilisé, il rend hommage au monument le plus célèbre de Chine : la Grande Muraille. Longue de 8 850 kilomètres (neuf fois la traversée de la France du nord au sud), on dit que 5 ou 6 millions d'hommes furent employés pendant dix ans à cette construction, 400 000 y périrent.

La petite enveloppe rouge

Le Hong Bao est un don d'argent traditionnel en Chine. Les billets en yuan sont glissés dans une petite enveloppe rouge censée porter bonheur. Elles sont offertes au cours des fêtes familiales comme le Nouvel An chinois ou les mariages. Le paquet est souvent composé de billets dont les nombres font référence au chiffre 8, dont la prononciation, en chinois, est proche de celle du mot prospérité.

LE BILLET DE 50 YUAN
Perché à 3700 mètres
d'altitude, le palais
de Potala servait
de résidence d'hiver
au dalaï-lama depuis
le VIIe siècle.

Depuis 1980, des certificats
en yuan ont été émis pour les
visiteurs étrangers (Foreign Ex-
change Certificates), et leur taux
était beaucoup plus élevé que
celui du yuan ordinaire.
En 1996, ces certificats
ont été supprimés.

LE TUGRIK

MONGOLIE

La légende dit qu'on trouve dans ce pays les meilleurs cavaliers. Ils sont les héritiers du célèbre Gengis Khan (1155-1227). Avec ses hordes, ce guerrier redoutable a traversé les sommets enneigées, l'austère désert de Gobi et les steppes immenses de la Mongolie pour conquérir le plus vaste empire de tous les temps : Il régna sur une majeure partie de l'Asie, incluant la Chine.

On dit même de lui qu'il aurait tué un ours à mains nues. Ce génie politique et militaire est représenté sur les billets de 20 000 tugrik. Quant à son plus fidèle allié, le cheval de Przewalski, considéré comme l'ancêtre de tous nos chevaux, il illustre les billets de 10 tugrik. Aujourd'hui encore les peuples nomades de Mongolie parcourent les vastes plaines du pays en chevauchant ces animaux de petite taille et trouvent abri sous leurs yourtes. Les nomades montent dès leur plus jeune âge et reçoivent leur première monture vers l'âge de 5-6 ans. La Mongolie est le pays qui comprend le plus de chevaux par habitant au monde.

MACAO

Macao est baptisé le Las Vegas de l'Orient. Cette région autonome de la République de Chine est l'une des plus grandes capitales du jeu au monde. Les casinos et les salles de poker font la fortune de ce tout petit pays qui a pour monnaie le pataca.

Le pays de l'argent roi a choisi comme sujet de ses billets la banque nationale du pays.

HONG KONG

Deux lions sacrés

Le dollar est utilisé dans trois pays asiatiques : Hong Kong, Singapour, le Timor-Oriental. Si Hong Kong et Singapour ont choisi des illustrations originales pour leurs billets, ce n'est pas le cas du Timor qui utilise purement et simplement le dollar américain.

Hong Kong est une région administrative autonome liée à la Chine. La langue parlée est le cantonais (dialecte chinois) mais l'anglais est aussi très répandu. Le gouvernement de Hong Kong prône le bilinguisme. Et l'anglais est enseigné dans toutes les écoles dès la maternelle. Voilà pourquoi, les deux langues apparaissent sur le dollar de Hong Kong.

On peut voir sur tous les billets des têtes de lion... Les deux fauves sur le billet de 1 000 dollars portent même de petits noms. Ceux de Stephen et de Stitt. Ce sont les mascottes de la grande banque anglo-

saxonne HSBC de Hong Kong... Ils sont nés à Shanghai en 1935. Lorsque la banque décide d'y construire un siège, elle commande la fabrication de statues de deux lions de bronze à un sculpteur anglais. Ils sont devenus connus comme Stephen et Stitt, du nom des deux créateurs de la banque. Lorsque la banque décida de construire un siège à Hong Kong, elle n'oublia pas de reproduire les deux statues installées à l'entrée de la banque. Comme les lions de Shanghai, les

lions de Hong Kong sont devenus des objets de vénération. Les jeunes couples amènent auprès d'eux leurs enfants afin de leur faire toucher les pattes et le nez des lions, un geste censé leur apporter chance et prospérité. Le pauvre Stephen porte des cicatrices de balles ou d'éclats d'obus reçus lors de la bataille de Hong Kong en 1941. Des copies des deux lions ont également été créées en 2001. Ils gardent aujourd'hui l'entrée des bureaux de la HSBC à Londres.

Deux imposantes statues de bronze représentant de magnifiques lions trônent devant la tour HSBC.

SINGAPOUR

Le premier président à l'honneur

L'État au 64 îles est appelé la Suisse de l'Asie. Dans le monde, Singapour est montrée en exemple, connue pour son extraordinaire réussite économique...

Les revenus par habitant sont les 4ᵉ au monde derrière le Qatar, la Norvège et le Luxembourg. En 2009, Singapour affichait la plus forte concentration de millionnaires au monde. Résultat, la vie quotidienne y est très très très chère... Ici, au milieu des buildings qui montent vers le ciel, des sièges internationaux des plus grandes banques de la planète, le dollar de Singapour est roi. Il est à l'effigie du premier président de la République du pays Encik Yusof Bin Ishak.

En 1965, Singapour devient indépendant de la Malaisie. Encik Yusof bin ishak en sera le premier Président.

MYANMAR

La bonne fortune des Birmans

Au Myanmar (anciennement Birmanie), on ne fait presque rien sans avoir consulté au préalable son astrologue. Même les hommes politiques prennent des décisions seulement après avoir consulté les astres.

Ainsi un dirigeant des années 1970 aurait fait supprimer du pays tous les billets de banque dont la somme n'était pas divisible par 9, son chiffre porte-bonheur, révélé par un astrologue. Pas très pratique au quotidien.

Depuis, le kyat a retrouvé ses valeurs classiques. Les Birmans aiment utiliser leur argent pour parier sur les jeux comme le tchuay tchuay, un jeu de pion qui ressemble à notre jeu de petits chevaux, aux dominos ou aux dames auxquels ils jouent dans les rues du matin jusqu'au

soir. Les sommes misées tournent autour des 200 kyats...

Le Myanmar est probablement l'un des seuls pays au monde où il n'existe pas de distributeurs de billets... La population se promène donc avec des liasses de monnaie et garde leur argent chez eux dans des sacs en plastique, d'autant plus que la coupure maximum est de 1000 kyats.

Le lion est un animal sacré en Birmanie. Il est souvent représenté à l'entrée des temples bouddhistes dont il assure la protection.

LE DOLLAR

Enfants taïwanais qui
étudient la géographie.

TAÏWAN

De la monnaie
pour les défunts

Les Taïwanais pensent qu'après la
mort, on continue à vivre et à
dépenser dans l'autre monde
comme on le faisait dans celui-ci.
Il faut donc que les morts emportent
avec eux suffisamment d'argent
pour subvenir à leurs besoins
quotidiens dans l'au-delà.

Enterrer les défunts avec de l'or n'est pas
à la portée de tous, alors, depuis l'invention
du papier, voilà 2 000 ans, on préfère brû-
ler en offrande des liasses de monnaie... Le
new dollar, la monnaie taïwanaise? Eh
bien non, de la fausse monnaie fabriquée
expressément pour le culte des anciens.
Il s'agit en fait de faire croire aux morts
qu'on sacrifie de l'argent pour eux... Une
manière de les duper sans les fâcher...
Sinon leur vengeance pourrait être terrible. La cérémonie a lieu le 15ᵉ jour du 7ᵉ
mois lunaire. Et les Taïwanais brûlent à
cette occasion des milliards de fausse

monnaie fabriquées dans des ateliers en
Chine où la main-d'œuvre est moins coû-
teuse qu'à Taïwan... Ces faux billets sont
ornés de dessins représentant la santé et
la fortune.

Ce ne sont pas les vrais billets de new dollar
que les Taïwanais sacrifient à leurs ancêtres.
Et heureusement... Ces offrandes représentent
des milliards de dollars chaque année.

MALAISIE

Les tours super stars

La Malaisie possède très peu de monuments anciens et quasiment aucune ruine... Alors il s'agissait d'en inventer. C'est chose faite avec les tours jumelles Petronas héroïnes du billet de 5 ringgit. Ce sont les deuxièmes plus hautes tours au monde.

Elles possèdent 88 étages et leur hauteur est de 452 mètres. 78 ascenseurs dont 29 à grande vitesse permettent d'accéder à leur sommet en seulement 90 secondes. Les jumelles sont de vraies stars. On peut les voir dans le premier épisode de *24 heures chrono*, dans un des dessins animés des Totally Spies et trois missions du jeu vidéo Hitman 2 se déroulent à l'intérieur des tours... Pour l'anecdote, les deux tours n'ont pas été construites par la même entreprise. Les deux sociétés ont mené une compétition serrée pendant la construction pour finir en premier leur tour.

Elles font partie des plus hautes tours du monde. Elles sont reliées entre elles par un pont métallique qui, en cas d'incendie, permettrait aux habitants de passer de l'une à l'autre.

JAPON

Un oiseau de bon augure

Le mont Fuji (3776 mètres) est le point culminant du Japon. Ce volcan qui a connu de nombreuses éruptions est devenu un des symboles du « pays du Soleil levant ». On dit que les samouraïs s'entraînaient sur ses pentes à l'art de la guerre. De nombreux poètes et peintres japonais l'ont immortalisé. Il est aujourd'hui l'emblème du billet de 1000 yens.

Yen, en japonais, signifie « cercle », comme d'ailleurs les mots *yuan* (la monnaie chinoise) et *won* (monnaie coréenne). Les pièces de monnaie étant rondes, les Japonais qui l'ont créé en 1871 lui ont tout simplement donné ce nom.

Il existe des billets en yens japonais d'une valeur de 10 000, 5000, 2000 et 1000. La coupure la plus utilisée est celle de 10 000 yens sur laquelle on peut voir le phénix chinois, statue qui orne le hall d'entrée du

célèbre temple Byodo-in de la ville de Kyoto.

Le phénix (*fenghuang*) est un oiseau mythique venu de Chine ancienne et qui règne sur tous les autres oiseaux car il symbolise la justice et la grâce. Il ressemble à un paon et on raconte depuis la nuit des temps qu'il est le plus gentil des oiseaux. Détestant la méchanceté, il n'apparaît jamais devant les personnes sans cœur. Respectueux de la vie, il ne mange ni animaux ni plantes et se nourrit seulement de la rosée du matin.

Les mâles sont appelés *feng* et les femelles *huang*. Le *fenghuang* serait ainsi le symbole de l'union entre le masculin et le féminin.

La légende dit que lorsque le *fenghuang*, emblème de l'impératrice de Chine, apparaissait, c'était pour annoncer la naissance d'un grand philosophe.

THAÏLANDE

Faites vos jeux !

Officiellement, les jeux d'argent sont interdits en Thaïlande. Or les Thaïlandais ont une véritable passion pour les paris. Alors, clandestinement, ils en organisent un peu partout... Quelques bahts par-ci (la monnaie du pays) quelques bahts par-là...

C'est en tout 200 milliards de bahts (4 milliards d'euros) que les Thaïlandais engagent chaque année dans les jeux d'argent. Tout est bon pour jouer et parier : match de football, de boxe, combats de coqs, de poissons, lotos, jeux d'échecs, de dames, de go et même compétition de chants d'oiseaux. Même les enfants jouent, parfois très très jeunes. Les billets en bahts n'ont qu'un seul motif, pas deux. Recto et verso, ils représentent le 55ᵉ roi du pays, Sa Majesté le roi Bhumibol Adulyadej (Rama IX), considéré comme le chef d'État le plus riche au monde. Il règne sur la Thaïlande depuis 1950.

Regardez ces deux pièces. à droite la pièce de 10 bahts, à gauche la pièce de 2 euros... La ressemblance est frappante. Les deux mêmes métaux utilisés, la même taille et le même poids, si bien que même les distributeurs automatiques européens s'y sont laissé tromper. Des petits malins ont compris les bénéfices qu'ils pourraient faire avec cette ressemblance et ont importé des bahts en Europe... Le bénéfice était substantiel : la pièce de 10 bahts vaut seulement 0,2 euro soit dix fois moins que la pièce de 2 euros.

La pièce thaïlandaise de 10 bahts existait avant celle de 2 euros mise en circulation en 2002...

CORÉE

Plein les poches !

Si un jour vous vous rendez en Corée du Sud, pensez à emporter un immense porte-monnaie. Le won, la monnaie coréenne utilisée en Corée du Sud (et en Corée du Nord mais il n'a ni les mêmes dessins ni les mêmes valeurs) ne vaut vraiment pas grand-chose... Jusqu'en 2009, le billet qui possédait la plus grosse valeur était celui de 10 000 wons, c'est-à-dire environ 6,5 euros...

Ce sage coréen sur le billet de 5000 wons s'appelle I I. C'est son nom et son prénom.

Résultat, les Coréens se promenaient toujours avec d'énormes liasses de billets dans les poches. Les commerçants coréens sont d'ailleurs les rois du comptage de billets à grande vitesse ou utilisent des machines à compter. Depuis, un billet de 50 000 wons a été créé (30 euros). Mais il en faut vraiment beaucoup dès qu'il s'agit de faire un achat un peu important. Lors de la fête de Seollal, le Nouvel An lunaire, il est d'usage de donner de l'argent aux enfants... Tout le pays se rend alors dans les banques et les distributeurs, provoquant bien souvent une rupture de stock de monnaie.

Les wons sont illustrés par des personnages célèbres de ce pays. Parmi eux, sur les billets de 5000 wons : I I... I est son prénom et I son nom de famille. Monsieur II est un sage coréen du XVIe siècle. Enfant prodige, II apprit à écrire en chinois à 3 ans et composa des poèmes en chinois classique avant l'âge de 7 ans. Devenu adulte, il écrivit des livres considérés comme des chefs-d'œuvre littéraires.

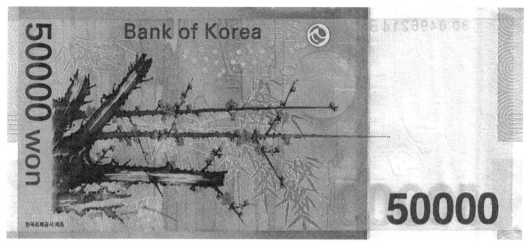

Voici le nouveau billet de 50 000 wons.
C'est la première femme à apparaître
sur la monnaie coréenne. Il s'agit d'une
écrivain du XVIᵉ siècle, Shin Saimdang.

LAOS

Symbole national

On peut le voir sur la plupart des billets en kips. Pha That Luang est le monument le plus célèbre du Laos. Ce stupa situé dans la ville de Vientiane a été construit au XVIe siècle par le roi Settathirat. Il est aussi un symbole du bouddhisme.

C'est un immense temple avec une énorme aiguille d'or. Les Laotiens y sont tellement attachés qu'il apparaît sur l'écusson du pays et en reproduction un peu partout, un peu comme la tour Eiffel en France. C'est ici que se tient la plus grande fête du pays : le festival de la Pleine Lune. Il est alors décoré d'offrandes et de fleurs. À l'intérieur, des représentations du Bouddha sont en permanence entourées de bougies que les fidèles déposent en hommage à ce personnage sacré.

Sur le billet de 9000 kips, à coté du temple sont représentés des armoiries du pays, et de trois jeunes femmes. Celles-ci appar-tiennent aux trois ethnies majoritaires du pays : Hmong, Lao et Kha.

Les armoiries du Laos figurent les domaines de la vie économique du pays. Au milieu de deux grands épis de riz, on retrouve les forêts, les rizières, les routes, les barrages ainsi qu'un engrenage, symbole de l'industrie.

Le fameux That Luang, symbole national.

PHILIPPINES

Un billet géant !

Étonnant de trouver dans cette partie du monde, le peso, une unité monétaire surtout répandue dans toute l'Amérique latine... Il y a bien sûr une raison historique. C'est Fernando de Magellan, explorateur portugais voyageant pour le compte du roi d'Espagne, qui fut le premier Européen à parvenir aux Philippines en 1521.

C'est lui qui donna son nom à cet archipel de 7107 îles, en l'honneur de l'infant d'Espagne, le futur Philippe II. Les Philippines allaient devenir une colonie espagnole jusqu'à la fin du XIXᵉ siècle. À cette époque, un mouvement de libération se développe dans l'archipel. Il est mené par le poète, médecin et écrivain José Rizal. Extrêmement cultivé, le jeune homme parlait plus de 22 langues... « Le Don Quichotte des Philippines » comme il fut surnommé, parce qu'il était féru du héros de Cervantes, est exécuté par les autorités espagnoles le 30 décembre 1896 qui est

aujourd'hui un jour férié dans le pays. Il devient un héros national et celui des pièces en pesos. Pour les cent ans de sa mort, en 1996, le gouvernement fait imprimer un billet commémoratif d'une valeur de 100000 pesos. Mesurant 36 centimètres sur 21, il a été reconnu par le Guiness Book des records comme le plus grand billet du monde.

Voilà le plus grand billet au monde. Créé par les Philippines en 1996, il commémore l'indépendance du pays... Il a cours légal mais a été vendu seulement à des collectionneurs. Car avec ses 36 centimètres, il n'est pas très facile de le transporter dans son portefeuille...

ANG SALAPING ITO AY BAYARIN NG BANGKO SENTRAL
AT PINANANAGUTAN NG REPUBLIKA NG PILIPINAS

REPUBLIKA NG PILIPINAS

GS0092

100000

KALAYAAN
KAYAMANAN NG BAYAN

100000

ANG SIGAW NG HIMAGSIKAN

FIDEL V. RAMOS
PANGULO NG PILIPINAS

GABRIEL C. SINGSON
TAGAPANGASIWA NG BANGKO SENTRAL

GS0092

ISANDAANG LIBONG PISO

LE RIEL

CAMBODGE

Une monnaie sacrée

Fierté du peuple cambodgien, les temples d'Angkor sont l'un des sites archéologiques les plus importants de l'Asie du Sud-Est : les vestiges de la puissante civilisation khmère s'étendent sur près de 400 km². Ils ont été bâtis entre le IXe et le XVe siècle. La civilisation khmère instaura un empire dirigé par un dieu-roi (Devaraja).

L'Empire khmer connut plusieurs religions : l'hindouisme puis le bouddhisme. Le Bayon (le Palais), sans doute l'un des plus beaux édifices d'Angkor, dédié à Bouddha, est représenté sur les billets cambodgiens : le riel. Il a été créé par le roi Jayavarman VII. Ses 54 tours, d'une exceptionnelle richesse, sont ornées de visages, d'une hauteur moyenne de 2 mètres, tournés vers les quatre points cardinaux. À la mort de ce roi, l'Empire khmer s'effondra... Mais il laisse des monuments somptueux rappelant l'époque de sa splendeur. La monnaie cambodgienne en témoigne dans

Le Bayon est l'un des plus beaux monuments du site d'Angkor, de l'Empire khmer.

Une vue générale du site d'Angkor... Des centaines de temples khmers s'étendent à perte de vue dans une végétation luxuriante.

un pays où le rapport à l'argent est sacré et où le personnage de l'Avare, le sethei Caumnang, est un personnage ridiculisé par les contes populaires.

Les visages de chaque côté des tours regardent vers les quatre points cardinaux (nord, sud, est, ouest). Il s'agit du portrait du dieu Avalokitesvara Bodhisattva (celui qui observe), l'une des divinités les plus vénérées chez les bouddhistes.

BRUNEI

L'argent du pétrole

C'est l'un des hommes les plus riches du monde avec une fortune dépassant les 14 milliards de dollars. Le sultan de Brunei est à la tête d'un petit pays mais extrêmement riche grâce à son sous-sol bien pourvu en gaz et en pétrole.

Pendant la majeure partie du XXe siècle, Brunei fut considéré comme un protectorat britannique. Par conséquent, le pays n'avait pas de monnaie propre. Depuis 1967, le ringgit, le dollar de Brunei (BND), est la monnaie officielle du pays. Et bien sûr, les billets sont à l'effigie du sultan Hassanal Bolkiah. Celui-ci possède la plus vaste collection d'automobiles de luxe au monde (plus de 5000). Il est aussi propriétaire des plus grands hôtels cinq étoiles parisiens.

Le pétrole fait la richesse du sultanat de Brunei... Ici des plates-formes pétrolières en mer ont été choisies comme décor aux billets de 50 ringgits.

Couronnement de Hassanal Bolkiah en tant que 29e sultan de Brunei en 1968.

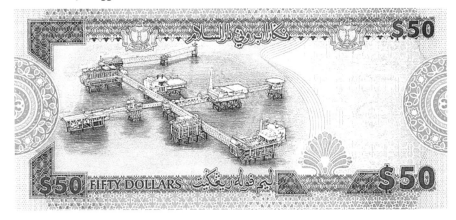

Le sultan Hassanal Bolkiah,
depuis 1967.

VIETNAM

Un visage mythique

Dông, comme le bruit de la monnaie qui tombe dans une coupelle. C'est le nom de la monnaie au Vietnam qui signifie tout simplement « cuivre », la matière dans laquelle la pièce est fabriquée.

À l'indépendance du Vietnam, en 1945, le dông remplace la piastre utilisée en Indochine sous domination française. L'homme qui a libéré le Vietnam est un mythe. Les Vietnamiens l'appellent affectueusement Oncle Hô. Et il illustre tous les billets du pays. Son vrai nom est Hô Chi Minh. En 1946, lorsque les Français envahissent à nouveau le Vietnam, Oncle Hô organise la résistance armée. Elle va durer jusqu'en 1954. La paix revenue, il va habiter dans une modeste petite maison sur pilotis, pour mener une vie simple, chaussé de sandales fabriquées dans un pneu d'automobile. Une haie d'hibiscus entoure sa maison et l'allée qui y mène est bordée de

manguiers. Au Vietnam, c'est devenu un lieu sacré où les Vietnamiens aiment venir se recueillir.

La petite maison sur pilotis est un lieu de culte au Vietnam... Elle décore les billets de 500 000 dôngs.

Hô Chi Minh apparaît sur tous les billets en dongs... Il est toujours accompagné d'un lotus. On trouve cette plante partout au Vietnam (mares, jardins publics, rivières...). Le lotus est aussi présent dans les pagodes et les temples et sert à envelopper le riz et les feuilles de thé.

PAYS

EUROPE

ALLEMAGNE
Capitale : Berlin
Population : 83 millions
Monnaie : euro
Depuis 1999

AUTRICHE
Capitale : Vienne
Population : 8,5 millions
Monnaie : euro
Depuis 1999

BELGIQUE
Capitale : Bruxelles
Population : 11 millions
Monnaie : euro
Depuis 1999

CHYPRE
Capitale : Nicosie
Population : 780 000
Monnaie : euro
Depuis 2008

ESPAGNE
Capitale : Madrid
Population : 45,2 millions
Monnaie : euro
Depuis : 1999

ESTONIE
Capitale : Tallinn
Population : 1,3 million
Monnaie : euro
Depuis 2011

FINLANDE
Capitale : Helsinki
Population : 5,3 millions
Monnaie : euro
Depuis 1999

FRANCE
Capitale : Paris
Population : 66,5 millions
Monnaie : euro
Depuis 1999

GRÈCE
Capitale : Athènes
Population : 11,2 millions
Monnaie : euro
Depuis 2001

IRLANDE
Capitale : Dublin
Population : 4,3 millions
Monnaie : euro
Depuis 1999

ITALIE
Capitale : Rome
Population : 60 millions
Monnaie : euro
Depuis 1999

LUXEMBOURG
Capitale : Luxembourg
Population : 480 000
Monnaie : euro
Depuis 2002

MALTE
Capitale : La Valette
Population : 410 000
Monnaie : euro
Depuis 2008

PAYS-BAS
Capitale : Amsterdam
Population : 16,5 millions
Monnaie : euro
Depuis 1999

PORTUGAL
Capitale : Lisbonne
Population : 11 millions
Monnaie : euro
Depuis 1999

SLOVAQUIE
Capitale : Bratislava
Population : 5,5 millions
Monnaie : euro
Depuis 2009

SLOVÉNIE
Capitale : Ljubljana
Population : 2,2 millions
Monnaie : euro
Depuis 2007

MONTÉNÉGRO
Capitale : Podgorica
Population : 670 000
Monnaie : euro
Depuis 2005

KOSOVO
Capitale : Pristina
Population : 1,85 millions
Monnaie : euro
Depuis 1999

LITUANIE
Capitale : Vilnius
Population : 3,6 millions
Monnaie : euro
Depuis 2010

ROYAUME-UNI : LA LIVRE STERLING (POUND)
Capitale : Londres
Population : 63 millions
Monnaie : la livre sterling (GPB)
Depuis le XIe siècle

IRLANDE DU NORD
Capitale : Belfast
Population : 1,7 million
Monnaie : la livre irlandaise
Depuis 1927

SUISSE
Capitale : Berne
Population : 8 millions
Monnaie : le franc suisse (CHF)
Depuis 1848

LIECHTENSTEIN
Capitale : Vaduz
Population : 36 000
Depuis 1919

NORVÈGE
Capitale : Oslo
Population : 5 millions
Monnaie : la couronne norvégienne (NOK)
Depuis 1905

DANEMARK :
Capitale : Copenhague
Population : 5,6 millions
Monnaie : la couronne danoise (DKK)
Depuis 1873

ISLANDE
Capitale : Reykjavik
Population : 320 000
Monnaie : la couronne islandaise (ISK)
Depuis 1918

SUÈDE
Capitale : Stockholm
Population : 9,5 millions
Monnaie : la couronne suédoise (SEK)
Depuis 1873

RÉPUBLIQUE TCHÈQUE
Capitale : Prague
Population : 10,3 millions
Monnaie : la couronne tchèque (CZK)
Depuis 1993

AMERIQUE

ÉTATS-UNIS
Capitale : Washington
Population : 310 millions
Monnaie : le dollar des États-Unis (USD)
Depuis 1776, indépendance des États-Unis

SALVADOR
Capitale : San Salvador
Population : 7,1 millions
Monnaie : le dollar des États-Unis (USD)
Depuis 2001

PORTO RICO
Capitale : San Juan
Population : 4 millions
Monnaie : le dollar des États-Unis (USD)
Depuis 1901

ÉQUATEUR
Capitale : Quito
Population : 14,5 millions
Monnaie : le dollar des États-Unis (USD)
Depuis 2000

LES BERMUDES
Capitale : Hamilton
Population : 100 000
Monnaie : le dollar des Bermudes (BMD)
Depuis 1970

ANTIGUA-ET-BARBUDA
Capitale : Saint John's
Population : 90 000
Monnaie : le dollar des Caraïbes (XCD)
Depuis 1965

TRINITÉ-ET-TOBAGO
Capitale : Port of Spain
Population : 1,3 million
Monnaie : le dollar de Trinité-et-Tobago (TTD)
Depuis 1955

LES BAHAMAS
Capitale : Nassau
Population : 400 000
Monnaie : le dollar des Bahamas (BSD)
Depuis 1964

CANADA
Capitale : Ottawa
Population : 34 millions
Monnaie : le dollar canadien (CAD)
Depuis 1935

ARGENTINE
Capitale : Buenos Aires
Population : 41 millions
Monnaie : le peso argentin (ARS)
Depuis 1810

PAYS

CUBA
Capitale : La Havane
Population : 11,5 millions
Monnaie : le peso cubain (CUP)
Depuis 1934

MEXIQUE
Capitale : Mexico
Population : 113 millions
Monnaie : le peso mexicain (MXN)
Depuis 1866

CHILI
Capitale : Santiago
Population : 17 millions
Monnaie : le peso chilien (CLP)
Depuis 1817

COLOMBIE
Capitale : Bogota
Population : 46 millions
Monnaie : le peso colombien (COP)
Depuis 1852

RÉPUBLIQUE DOMINICAINE
Capitale : Saint-Domingue
Population : 10 millions
Monnaie : le peso dominicain (DOP)
Depuis le XVIIIe siècle

URUGUAY
Capitale : Montevideo
Population : 3,5 millions
Monnaie : le peso uruguayen (UYU)
Depuis 1862

BRÉSIL
Capitale : Brasilia
Population : 191 millions
Monnaie : le real (BRL)
Depuis 1690

COSTA RICA
Capitale : San José
Population : 4,6 millions
Monnaie : le colon costaricain (CRC)
Depuis : 1995

VENEZUELA : LE BOLIVAR
Capitale : Caracas
Population : 27,4 millions
Monnaie : le bolivar vénézuélien (VEF)
Depuis 1910

NICARAGUA : LE CORDOBA ORO
Capitale : Managua
Population : 5,2 millions
Monnaie : le cordoba oro (NIO)
Depuis 1912

PANAMA : LE BALBOA
Capitale : Panama
Population : 3,3 millions
Monnaie : le balboa (PAB)
Depuis 1904

GUATEMALA
Capitale : Guatemala
Population : 15 millions
Monnaie : le quetzal (GTQ)
Depuis 1925

HONDURAS
Capitale : Tegucigalpa
Population : 6,4 millions
Monnaie : le lempira (HNL)
Depuis 1931

BOLIVIE
Capitale : La Paz
Population : 10 millions
Monnaie : le boliviano (BOB)
Depuis 1863

PÉROU
Capitale : Lima
Population : 22 millions
Monnaie : le nouveau sol (PEN)
Depuis 1991

PARAGUAY
Capitale : Asuncion
Population : 7 millions
Monnaie : le guarani (PYG)
Depuis 1943

HAÏTI
Capitale : Port-au-Prince
Population : 10 millions
Monnaie : la gourde haitienne (HTG)
Depuis 1813

OCEANIE

AUSTRALIE
Capitale : Canberra
Population : 22 millions
Monnaie : le dollar australien (AUD)
Depuis 1966

NOUVELLE-ZÉLANDE
Capitale : Wellington
Population : 4,5 millions
Monnaie : le dollar néo-zélandais (NZD)
Depuis 1967

AFRIQUE

ALGÉRIE
Capitale : Alger
Population : 34,9 millions
Monnaie : le dinar algérien (DZD)
Depuis 1964

TUNISIE
Capitale : Tunis
Population : 10, 5 millions
Monnaie : le dinar tunisien (TND)
Depuis 1958

LA LIBYE
Capitale : Tripoli
Population : 6,5 millions
Monnaie : le dinar libyen (LYD)
Depuis 1971

MAROC
Capitale : Rabat
Population : 32 millions
Monnaie : le dirham marocain (MAD)
Depuis 1959

BÉNIN
Capitale : Porto-Novo
Population : 9 millions
Monnaie : le franc CFA

BURKINA FASO
Capitale : Ouagadougou
Population : 16 millions
Monnaie : le franc CFA

CÔTE D'IVOIRE
Capitale : Yamoussoukro
Population : 21,5 millions
Monnaie : le franc CFA

GUINÉE-BISSAU
Capitale : Bissau
Population : 1,5 million
Monnaie : le franc CFA

MALI
Capitale : Bamako
Population : 14 millions
Monnaie : le franc CFA

NIGER
Capitale : Niamey
Population : 15,5 millions
Monnaie : le franc CFA

SÉNÉGAL
Capitale : Dakar
Population : 13 millions
Monnaie : le franc CFA

TOGO
Capitale : Lomé
Population : 6,7 millions
Monnaie : le franc CFA

CAMEROUN
Capitale : Yaoundé
Population : 20 millions
Monnaie : le franc CFA

RÉPUBLIQUE CENTRAFRICAINE
Capitale : Bangui
Population : 4,5 millions
Monnaie : le franc CFA

RÉPUBLIQUE DU CONGO
Capitale : Brazzaville
Population : 4 millions
Monnaie : le franc CFA

GABON
Capitale : Libreville
Population : 1,6 million
Monnaie : le franc CFA

GUINÉE ÉQUATORIALE
Capitale : Malabo
Population : 650 000
Monnaie : le franc CFA

TCHAD
Capitale : N'Djamena
Population : 11,5 millions
Monnaie : le franc CFA

GUINÉE
Capitale : Conakry
Population : 11 millions
Monnaie : le franc guinéen (GNF)
Depuis 1958

TANZANIE
Capitale : Dodoma
Population : 41 millions
Monnaie : le shilling de Tanzanie (TZS)
Depuis 1966

OUGANDA
Capitale : Kampala
Population : 32 millions
Monnaie : le shilling ougandais (UGX)
Depuis 1966

KENYA
Capitale : Nairobi
Population : 39 millions
Monnaie : le shilling du Kenya (KES)
Depuis 1966

SOMALIE
Capitale : Mogadiscio
Population : 10 millions
Monnaie : le shilling somalien (SOS)
Depuis 1962

MAURITANIE
Capitale : Nouakchott
Population : 3,3 millions
Monnaie : l'ouguiya (MRO)
Depuis 1973

CAP-VERT
Capitale : Praïa
Population : 500 000
Monnaie : l'escudo du Cap-Vert (CVE)
Depuis 1976

GAMBIE
Capitale : Banjul
Population : 1,8 million
Monnaie : le dalasi (GMD)
Depuis 1971

SIERRA LEONE
Capitale : Freetown
Population : 6,3 millions
Monnaie : le leone (SSL)
Depuis 1964

LIBERIA
Capitale : Monrovia
Population : 3,23 millions
Monnaie : le dollar libérien (LRD)
Depuis 1944

GHANA
Capitale : Accra
Population : 24 millions
Monnaie : le cedi (GHS)
Depuis 1965

NIGERIA
Capitale : Abuja
Population : 153 millions
Monnaie : le naira (NGN)
Depuis 1965

ÉGYPTE
Capitale : Le Caire
Population : 83 millions
Monnaie : la livre égyptienne (EGP)
Depuis 1885

ÉTHIOPIE
Capitale : Addis-Abeba
Population : 88 millions
Monnaie : le birr éthiopien (ETB)
Depuis 1976

ÉRYTHRÉE
Capitale : Asmara
Population : 5,1 millions
Monnaie : le nakfa (ERN)
Depuis 1997

DJIBOUTI
Capitale : Djibouti
Population : 850 000
Monnaie : le franc de Djibouti (DJF)
Depuis 1977

BURUNDI
Capitale : Bujumbura
Population : 10 millions
Monnaie : le franc du Burundi (BIF)
Depuis 1960

RWANDA
Capitale : Kigali
Population : 11,2 millions
Monnaie : le franc rwandais (RWF)
Depuis 1964

ANGOLA
Capitale : Luanda
Population : 19 millions
Monnaie : le kwanza (AOA)
Depuis 1977

MOZAMBIQUE
Capitale : Maputo
Population : 23 millions
Monnaie : le metical (MZN)
Depuis 1980

ZAMBIE
Capitale : Lusaka
Population : 13 millions
Monnaie : le kwacha (ZMK)
Depuis 1968

MALAWI
Capitale : Lilongwe
Population : 11,5 millions
Monnaie : le kwacha (MWK)
Depuis 1971

BOSTWANA
Capitale : Gaborone
Population : 1,8 million
Monnaie : le pula (BWP)
Depuis 1976

ZIMBABWE
Capitale : Harare
Population : 11, 66 millions
Monnaie : le dollar des États-Unis (USD)
Depuis 1981

AFRIQUE DU SUD
Capitale : Pretoria
Population : 50 millions
Monnaie : le rand (ZAR)
Depuis 1961

NAMIBIE
Capitale : Windhoek
Population : 2,1 millions
Monnaie : le dollar namibien (NAD)
Depuis 1993

LESOTHO
Capitale : Maseru
Population : 2,1 millions
Monnaie : le loti (LSL)
Depuis 1980

SWAZILAND
Capitale : Mbabane
Population : 1,2 million
Monnaie : le lilangeni (SZL)
Depuis 1974

MADAGASCAR
Capitale : Antananarivo
Population : 21,3 millions
Monnaie : l'ariary (MGA)
Depuis 2003

SEYCHELLES
Capitale : Victoria
Population : 90 000
Monnaie : la roupie des Seychelles (SCR)
Depuis 1914

ASIE

TURQUIE
Capitale : Ankara
Population : 79 millions
Monnaie : la livre turque (TRY)
Depuis 1844

GÉORGIE
Capitale : Tbilissi
Population : 4,6 millions
Monnaie : le lari (GEL)
Depuis 1993

ARMÉNIE
Capitale : Erevan
Population : 3,3 millions
Monnaie : le dram (AMD)
Depuis 1993

AZERBAÏDJAN
Capitale : Bakou
Population : 8,5 millions
Monnaie : le manat azerbaïdjanais (AZN)
Depuis 1919

ISRAËL
Capitale : Jérusalem (mais non reconnu inter-
nationalement)
Population : 7,7 millions
Monnaie : le new shekel (NSI) depuis 1980

LIBAN
Capitale : Beyrouth
Population : 4,2 millions
Monnaie : la livre libanaise (LBP)
Depuis 1939

SYRIE
Capitale : Damas
Population : 22,5 millions
Monnaie : la livre syrienne (SYP)
Depuis 1919

IRAK
Capitale : Bagdad
Population : 32 millions
Monnaie : le dinar (IQD)
Depuis 1931

JORDANIE
Capitale : Amman
Population : 6 millions
Monnaie : le dinar (JOD)
Depuis 1949

KOWEÏT
Capitale : Koweït City
Population : 2,6 millions
Monnaie : le dinar koweïtien (KWD)
Depuis 1961

BAHREÏN
Capitale : Manama
Population : 1,23 million
Monnaie : le dinar de Bahreïn (BHD)
Depuis 1965

IRAN
Capitale : Téhéran
Population : 78 millions
Monnaie : le rial (IRR)
Depuis 1930

ARABIE SAOUDITE
Capitale : Riyad
Population : 29 millions
Monnaie : le riyal saoudien (SAR)
Depuis 1928

PAYS

QATAR
Capitale : Doha
Population : 1,7 million
Monnaie : le riyal du Qatar (QAR)
Depuis 1968

SULTANAT D'OMAN
Capitale : Mascate
Population : 2,7 millions
Monnaie : le rial omanais (OMR)
Depuis 1974

YEMEN
Capitale : Sanaa
Population : 24,5 millions
Monnaie : le rial yéménite (YER)
Depuis 1963

OUZBÉKISTAN
Capitale : Tachkent
Population : 28 millions
Monnaie : le soum ouzbek (UZS)
Depuis 1994

TURKMÉNISTAN
Capitale : Achgabat
Population : 5 millions
Monnaie : le manat turkmène (TMM)
Depuis 1993

KAZAKHSTAN
Capitale : Astana
Population : 16,4 millions
Monnaie : le tenge (KZT)
Depuis 1993

KIRGHIZISTAN
Capitale : Bichkek
Population : 5,6 millions
Monnaie : le som (KGS)
Depuis 1993

TADJIKISTAN
Capitale : Douchanbe
Population : 7,63 millions
Monnaie : le somoni (TJS)
Depuis 2001

AFGHANISTAN
Capitale : Kaboul
Population : 30 millions
Monnaie : l'afghani (AFN)
Depuis 1919

INDE
Capitale : New Delhi
Population : 1,2 milliard
Monnaie : la roupie indienne (INR)
Depuis le XVe siècle

PAKISTAN
Capitale : Islamabad
Population : 170 millions
Monnaie : la roupie pakistanaise (PKR)
Depuis 1947

LE NÉPAL
Capitale : Katmandou
Population : 30 millions
Monnaie : la roupie népalaise (NPR)
Depuis 1932

SRI LANKA
Capitale : Colombo
Population : 20,5 millions
Monnaie : la roupie sri lankaise (LKR)
Depuis 1836

INDONÉSIE
Capitale : Djakarta
Population : 241 millions
Monnaie : la roupie indonésienne (IDR)
Depuis 1949

MALDIVES (LES)
Capitale : Malé
Population : 329 000
Monnaie : la roupie des Maldives (MVR)
Depuis 1965

BHOUTAN
Capitale : Thimbu
Population : 710 000
Monnaie : le ngultrum (BTN)
Depuis 1974

BANGLADESH
Capitale : Dacca
Population : 160 millions
Monnaie : le taka (BDT)
Depuis 1972

CHINE
Capitale : Pékin
Population 1, 3 milliard
Monnaie : le yuan chinois (CNY)
Depuis le XIXe siècle

MONGOLIE
Capitale : Oulan-Bator
Population : 2,8 millions
Monnaie : le tugrik (MNT)
Depuis 1925

MACAO
Population : 542 000
Monnaie : le pataca (MOP)
Depuis 1894

HONG KONG
Population : 7 millions
Monnaie : le dollar de Hong Kong
Depuis la fin du XIXe siècle

SINGAPOUR
Capitale : Singapour
Population : 4,7 millions
Monnaie : le dollar de Singapour (SGD)
Depuis 1967

PHILIPPINES
Capitale : Manille
Population : 100 millions
Monnaie : le peso (PHP)
Depuis 1862

TIMOR-ORIENTAL
Capitale : Dili
Population : 1,2 million
Monnaie : le dollar des États-Unis (USD)
Depuis 2002

LAOS
Capitale : Vientiane
Population : 6 millions
Monnaie : le kip (LAK)
Depuis 1954

MYANMAR
Capitale : Naypyidaw
Population 50 millions
Monnaie : le kyat (MMK)
Depuis 1852

CAMBODGE
Capitale : Phnom Penh
Population : 15 millions
Monnaie : le riel (KHL)
Depuis 1955

TAÏWAN
Capitale : Taipei
Population : 24 millions
Monnaie : le new dollar (TWD)
Depuis 1949

VIETNAM
Capitale : Hanoï
Population : 90 millions
Monnaie : le dông (VND)
Depuis 1978

JAPON
Capitale : Tokyo
Population : 127 millions
Monnaie : le yen (JPY)
Depuis 1871

THAÏLANDE
Capitale : Bangkok
Population : 65 millions
Monnaie : le baht (THB)
Depuis 1897

CORÉE DU SUD
Capitale : Séoul
Population : 50 millions
Monnaie : le won (KRW)
Depuis 1945

BRUNEI
Capitale : Bandar Seri Begawan
Population : 400 000
Monnaie : le ringgit (BND)
Depuis 1967

CORÉE DU NORD
Capitale : Pyongyang
Population : 25 millions
Monnaie : le won nord-coréen (KPW)
Depuis 1947

MALAISIE
Capitale : Kuala Lumpur
Population : 13 millions
Monnaie : le ringit (Myr)
Depuis 1976

Dépôt légal : avril 2012
Achevé d'imprimé en mars 2012
ISBN : 978-2-7324-4891-6